Leo Reinisch

# Die Sprache der Iron-Saho in Abessinien

Leo Reinisch

**Die Sprache der Iron-Saho in Abessinien**

ISBN/EAN: 9783744600378

Hergestellt in Europa, USA, Kanada, Australien, Japan

Cover: Foto ©ninafisch / pixelio.de

Weitere Bücher finden Sie auf **www.hansebooks.com**

# DIE SPRACHE

DER

# IROB-SAHO IN ABESSINIEN.

VON

LEO REINISCH.

WIEN, 1878.

IN COMMISSION BEI KARL GEROLD'S SOHN

BUCHHÄNDLER DER KAIS. AKADEMIE DER WISSENSCHAFTEN.

Aus dem [illegible] des [illegible] 1878 der Sitzungsberichte der [illegible]
k.k. Akademie der Wissenschaften (XC. Bd., S. 89) besonde[illegible]

[illegible] Wien
[illegible]

Die Irob (ኢሮብ፡) an der südwestlichen Abdachung von Hamasien sesshaft, zerfallen in zwei grosse Familien oder Unterstämme, in die *enda Boknayto* (እንዳ፡ቡክነይቶ፡) und *endā Agladā* (እንዳ፡አግለዳ፡), jede zu etwa 1500 Personen anzuschlagen.[1] Sie sind Nomaden in dem Sinne, dass sie nicht in Dörfern zusammenwohnen, sondern sich einzeln (d. i. die Familie im engern Sinne) Wohnhäuser in den Gebirgen errichten, aber nicht volle Nomaden, weil die so gewählte Wohnstätte oft durch mehrere Jahrzehnte beibehalten wird, während die übrigen Saho-Stämme als eigentliche Nomaden keine Häuser, sondern nur tragbare Hütten aus Palmen-Matten besitzen, welche sie auf ihren steten Wanderungen, nach Weide für ihre Heerden suchend, mit sich führen[2].

Die Irob halten sich mit den übrigen Saho-Stämmen in nichts verwandt, ausser durch ihre Sprache und die gleiche Behauptung stellen auch die übrigen Saho auf, indem sie sagen, die Irob seien Einwanderer und hätten erst in ihrem gegenwärtigen Lande die Saho-Sprache angenommen. Demgemäss werden auch die Irob in der Stammliste der Saho, welche jedem jungen Knaben bei den Saho geläufig ist, niemals namhaft gemacht, sondern es werden stets nur nachstehende Namen der Saho-Stämme aufgeführt: 1. *Asāurta* (አሳውርታ፡), in drei Familien oder Unterstämme zerfallend, *a) endā Lelēš* (እንዳ፡ልልሽ፡); *b) endā Asākara* (እንዳ፡አሳከረ፡); *c) endā*

---

[1] እንዳ፡ gehört dem Tigré-Dialecte von Hamasien an und bedeutet Dorf, Complex von Wohnhäusern.

[2] Ueber die Sitten, Gebräuche und Traditionen der Saho vgl. meinen Aufsatz: ‚Das Volk der Saho' in: Oesterreichische Monatsschrift für den Orient, 1877, Nr. 5.

*Ašālašan* (እንዳ፡አሻለሻን፡). 2. *Toryā* (ቶርጓ፡), in zwei Familien zerfallend: *a) endā Musē* (እንዳ፡ሙሴ፡) und *b) endā Sarāh* (እንዳ፡ሰሩሀ፡). 3. *Dasamo* (ደሰሞ፡). 4. *Gayaso* (ገዐሶ፡). 5. *Hazo* (ሐዘ፡). 6. *Dabri-mēlā* (ደብሪ፡ሜላ፡). 7. *Hērto* (ሔርቶ፡) ohne weitere Unterabteilung.

Was nun die Herkunft der Irob anlangt, so behaupten sowohl sie selbst, als auch die übrigen Saho, die Irob stammten von eingewanderten Griechen her und hätten ehemals das Geschäft reisender Krämer und Karawanenführer auf dem Handelswege von Zula (dem alten Adulis) nach Abessinien betrieben, deshalb würden sie auch Irob, d. i. Europäer, genannt. Ob diese Sage auf geschichtlicher Wahrheit beruht oder vielleicht nur aus einer Volksetymologie entstanden ist, lässt sich nicht weiter entscheiden, da keinerlei Beweisgründe für oder gegen diese Sage vorliegen.

Geographisch und politisch gehört das Gebiet der Irob zu Abessinien, doch erfreuen sich dieselben einer völligen Unabhängigkeit, indem sie dem Negus von Abessinien weder Kriegsdienste zu leisten noch Steuern zu zahlen verpflichtet sind; die einzige Verpflichtung, welche der *rădánto* (Häuptling) der Irob an den Negus zu erfüllen hat, besteht darin, dass er ihm alljährlich eine fette Kuh und einen Topf Honig als Ehrentribut abzuliefern hat.

Während die sieben Stämme der Saho seit etwa zwei Jahrhunderten vom (abessinischen) Christentum zum Islam übergetreten sind, haben die Irob dasselbe bis auf den heutigen Tag bewahrt. Seit 1846 haben sich katholische Missionäre, französische Lazaristen, bei den Irob niedergelassen und im Tale von Alitiéna ein Missionshaus und eine kleine Kirche errichtet; über die Erfolge dieser Mission vgl. ‚*L'Abyssinie et son apôtre, ou vie de Mgr. Justin de Jacobis, évêque de Nilopolis et vicaire apostolique de l'Abyssinie. Paris 1866.*' Das folgende Textstück, Uebersetzung von Cap. XI *evangelii Johannis*, ist von Abba Tesfa Maryam, einem geborenen Irob aus Alitiéna (gestorben 1877 zu Keren in Bogos), der im Missionshaus von Alitiéna zum Priester herangebildet worden ist.

In der nun folgenden grammatischen Skizze, welche das Verständniss des beigegebenen Textes vermitteln soll, werden vornehmlich die Formen des Irob-Saho berücksichtigt; wo das eigentliche Saho vom Irob abweicht, wird dies an betreffenden Stellen durch die Bezeichnung S. (Saho) angezeigt.

## Laute.

Ausser dem fehlenden ጸ und ፐ hat diese Sprache sämmtliche Laute mit dem Geez und Tigré gemeinsam; ausserdem besitzt das Irob noch einen Laut *r̥* (S. *ḍ*, im In- und Auslaut *ḷ* gesprochen), welcher entsprechend dem ጠ am hinteren Gaumen gebildet wird.

In der Umschrift der äthiopischen Buchstaben bediene ich mich der allgemein üblichen Bezeichnungen, nur ዐ umschreibe ich mit *γ*. Das አ, ኡ u. s. w. umschreibe ich nur im In- und Auslaut mit *'a*, *'u* u. s. w., um sie so vom inhärenten *a*, *u* u. s. w. in *ha*, *hu* u. dgl. zu unterscheiden, lasse aber im Anlaute das Zeichen ' weg, weil an dieser Stelle eine Verwechslung nicht möglich ist. Das Schwa mobile zeige ich mit *e̥* an.

## Das Verbum.

Die Verba sind ein-, zwei- und dreiradicalige und teilen sich in zwei Classen ein, nämlich solche *a)* deren Stamm auf *-a* auslautet, und *b)* deren Stamm auf einen Consonanten (mit Schwa quiescens) endigt.

Die Verba der ersten Classe drücken die Unterschiede der Personen, Tempora und Modi durch Präfixe, die der zweiten durch Suffixe aus; ausserdem treten bei den Verben I Veränderungen der Stammvocale in den Zeiten und Arten ein, während die Stammvocale der Verba II unverändert bleiben.

Der Verbalstamm bei den Verben I zeigt sich am deutlichsten im Infinitiv, indem man nur das Präfix *a-* wegzunehmen braucht, um so den reinen Verbalstamm zu erlangen, z. B. von *a-ba* das Hören: *ba* hören, daher dann z. B. *á-ba* ich höre, *ó-ba* ich hörte, *o-bá* höre! *ă-bo* dass ich höre, *mā-bó* das Gehör, u. s. w.

Bei den zwei- und dreiradicaligen Verben I hat im Infinitiv der letzte Radical das Schwa quiescens, z. B. *a-lāk* (አላክ፡) das Senden; der Verbalstamm wird hieraus gewonnen, indem man an diesen letzten Consonanten *-a* ansetzt, daher *lāka* (ላከ፡) senden, woher: *á-lika* ich sende, *í-lika* ich sendete, *ā-láko* dass ich sende, *i-lík* sende! u. s. w.

Die zwei- und dreiradicaligen Verba I mit kurzem Stammvocal in der ersten Silbe verändern denselben im Infinitiv und in den aus demselben gebildeten Zeiten und Modi der Grundform in Schwa mobile (bei den zweiradicaligen), in Schwa quiescens (bei den dreiradicaligen), in den abgeleiteten Formen aber (Causativ, Passiv, Reflexiv) tritt der ursprüngliche Stammvocal wieder ein, z. B. von *ɣaḥa* sagen, Infinitiv: *a-ɣe̥ḥ* (አርሕ፡), Impf. *á-ɣe̥ḥa*, Pf. *áɣe̥ḥa;* von *gadala* brechen, Inf. *a-gdál*, Impf. *á-gdila*, Pf. *í-gdila*, Subj. *ā-gdálo* u. s. w., aber Causativ: Inf. *a-s-gadál*, Impf. *ā-s-gídila*, Pf. *i-s-gídila*, Subj. *ā-s-gadálo* u. s. w.

Bei den Verben II werden die Suffixe an den Infinitiv einfach angesetzt, z. B. *ɣin* schlafen, das Schlafen, der Schlaf, davon Impf. *ɣín-ā*, Perf. *ɣín-a*, Subj. *ɣín-o* u. s. w.

### Abgeleitete Verbalformen.

Aus der eben behandelten ersten oder Grundform des Verbums werden einige abgeleitete Formen gebildet, welche Modificationen des Grundbegriffes ausdrücken. Die wichtigsten sind folgende:

1. Das Causativum; es wird gebildet, indem man bei den Verben I ein *s* dem Verbalstamm präfigirt, bei den Verben II aber ein *-is* demselben suffigirt, z. B. *s-bala* sehen lassen, zeigen, von *bala* v. I sehen; *s-kataba* schreiben lassen, von *kataba* v. I schreiben; *āb-is* (አቢስ፡) machen lassen, von *āb* v. II machen; *kor-is* reiten lassen, von *kor* v. II. reiten; *ɣin-is* schlafen lassen, von *ɣin* v. II schlafen.

Aus diesem ersten Causativ kann ein zweites und drittes Causativum gebildet werden, indem bei den Verben I wie II an die Causativform die Endung *-is*, *-s-is* angefügt wird, als: *s-bal-is* zeigen lassen (2. Causativ), *s-bal-s-is* bewirken, dass Jemand zeigen lasse (3. Causat. von *bala* sehen); ebenso bei den Verben II: *āb-s-is* den Anlass geben, etwas machen zu lassen (2. Causat.), *āb-s-is-is* (3. Causat.). Die Flexion des zweiten und dritten Causativs ist bei den Verben der ersten Classe eine zweifache, als *ā-s-bal-ís-o* dass ich zeigen lasse, *tā-s-bal-ís-so* dass du zeigen lassest u. s. w., Perf. *u-s-búl-is-a* ich liess zeigen, *tu-s-búl-is-sa* du liessest zeigen u. s. w., bei den Verben II aber geschieht die Flexion nur durch Suffixe, als *āb-ís-ā* ich lasse machen, *āb-ís-sā* du lässt machen, *áb-is-a* ich liess machen, *āb-ís-o* dass ich machen lasse u. s. w.

2. Das Reflexivum oder Medium. Es wird gebildet, indem man dem Grundstamm der Verba I die Silbe *ta-* vorsetzt, bei den Verba II aber wird dem Grundstamm die Silbe *-it* suffigirt, z. B. *ta-bala* sich sehen (von *bala* v. I), *ta-gadafa* sich tödten, *ta-kataba* für sich schreiben; — *āb-it* für sich machen (von *āb* v. II), *har-it* fallen (von *har* v. II werfen).

3. Das Causativ-Reflexivum. Es wird gebildet, indem man bei den Verben I den Reflexivstamm *s-* vorsetzt, als: *s-ta-bala* sich sehen lassen, *s-kataba* für sich schreiben lassen, *s-ta-ladaya* sich rasiren lassen, *s-ta-ṭaḥana* für sich Getreide mahlen lassen.

Bei den Verben II aber wird die Endung *-it* an den Causativstamm angefügt, z. B. *āb-s-it* für sich machen lassen, *ṛāg-s-it* sich berühren lassen, *sāy-s-it* sich einführen lassen (in ein Haus) u. s. w. Wenn aber die Reflexivform eine von der Grundform verschiedene Bedeutung annimmt und in dieser als Grundform angesehen wird, so wird auch bei den Verben II das Causativzeichen an den Reflexivstamm angesetzt, z. B. *bē-t* (Reflexiv von *bay* nehmen) ursprünglich: zu sich nehmen, dann 1. essen, 2. *numá bēt* eine Frau heiraten, hat im Causativ-Reflexiv *bē-t-is* zu essen geben, *numá bē-t-is* verheiraten (einen Mann = ihn eine Frau zu sich nehmen lassen). Verba, welche nur in der Reflexivform gebräuchlich sind, wie *hamm-it* argwöhnisch sein, *hās-it* grau werden u. s. w., bilden ebenfalls *hammit-is* argwöhnisch machen u. s. w.

4. Das Passiv. Die Bildung desselben erfolgt bei den Verben I, indem *m-* (selten *mă-*), vor folgendem *t, d, s, l, n, k, g,* meist *n-* lautend, der Grundform präfigirt wird, bei den Verben II aber wird *-im* an die Grundform suffigirt, z. B.:

| Verba I. | Verba II. |
|---|---|
| *m-'adaga* verhandelt werden. | *āb-im* gemacht werden. |
| *m-bala* gesehen werden. | *akal-im* gewaschen werden. |
| *ma-gara* geschlagen werden. | *kor-im* geritten werden. |
| *n-gadala* gebrochen werden. | *ṛag-im* berührt werden. |
| *n-kataba* geschrieben werden. | *takar-im* gebunden werden. |

5. Das Causativ-Passiv. Dasselbe wird bei den Verben I gebildet, indem man dem Passivstamm das causative *s-* vorsetzt, das passive Präfix lautet dann stets *ma*, z. B. *s-ma-bala* veranlassen, dass gesehen werde u. s. w. Es kann aber auch an den Passivstamm das causative *-is* angefügt werden, als: *n-katab-is* veranlassen, dass geschrieben werde. Bei den Verben II tritt *-s-* zwischen die Grundform und die Passivendung, z. B. *āb-s-im* bewirken, dass gemacht werde.

6. Das Reflexiv-Passiv. Die Bildung desselben ist bei den Verben I eine zweifache, indem man dem Reflexivstamm entweder *n-* vorsetzt, wie *n-ta-baṛa* selbst gefangen werden, *n-ta-gara* selbst geschlagen werden u. s. w., oder indem man dem Reflexivstamm *-im* nachsetzt, z. B. *ta-baṛ-im* selbst gefangen werden, *ta-gar-im* u. s. w. Bei den Verben II wird das passive *-im* dem Reflexivstamm angefügt, z. B. *bad-it-im* selbst getödtet werden, *gil-it-im* selbst in die Flucht geschlagen werden.

7. Das Causativ des Reflexiv-Passivs wird bei den Verben I und II gebildet, indem an den Causativ-Reflexivstamm das passive *-im* angefügt wird, z. B. *s-ta-bal-im* machen, dass man selbst gesehen werde (von *bala* v. I sehen), *s-ta-baṛ-im* machen dass man selbst gefangen werde (von *baṛa* v. I fangen) u. s. w.; *kalaḥ-s-it-im* machen, dass man selbst auf Reisen geschickt werde (von *kalaḥ* v. II reisen) u. s. w.

### Tempora und Modi des Verbums.

Das Irob unterscheidet zwei Tempora, Imperfect und Perfect, von welchen jenes eine Handlung oder einen Zustand als unvollendet, dieses aber als fertig, abgeschlossen darstellt. Das Imperfect entspricht unserem Präsens, Futurum und erzählenden Imperfect, das Perfect aber unserem Präteritum. So bedeutet z. B. *á-ktira* (Imperfect von *katara* v. I rauben) ich raube, werde rauben, raubte (erzählend), dagegen *í-ktira* ich habe geraubt.

Diese beiden Tempora stellen eine Handlung oder einen Zustand jedoch nur als momentan dar. Soll demnach die Dauer eines Zustandes oder einer Handlung ausgedrückt werden, so werden obige Formen mit einem Hilfsverbum verbunden. So bedeutet *áktira* ich raube (einmal oder momentan), dagegen *áktira ána* ich bin ein Räuber, treibe ein Räuberleben; ebenso *íktira* ich raubte, dagegen *íktira ína* ich bin ein Räuber gewesen. Wir unterscheiden demnach *a)* ein aoristisches oder momentanes Imperfect, *b)* ein duratives Imperfect, *c)* ein aoristisches Perfect, *d)* ein duratives Perfect.

Von den Modi des Verbums sind zu nennen: *a)* Indicativ, *b)* Subjunctif, *c)* Jussiv oder Cohortativ, *d)* Conditional, *e)* Imperativ, *f)* Gerundiv, *g)* Particip, *h)* Relativ, *i)* Verbalnomen.

## Flexion des Verbums.

Vorerst ist zu erwähnen, dass das Irob ein zweifaches Geschlecht in der dritten Person der Einzahl unterscheidet, nämlich Masculinum und Femininum, ferner drei Personen, endlich, was die Zahl anbelangt, einen Singular und Plural. Ausserdem unterscheidet die Sprache an dem Verbum eine positive, eine negative und eine fragende (positiv wie negativ fragende) Form. Die Negation wird mittels des Präfixes *mā-*, vor folgendem *y*, *i* aber *mi-* lautend, ausgedrückt; z. B. *bēt-ā* ich esse, *mā-bēt-ā* ich esse nicht, *ína* ich war, *mí-ina* ich war nicht. Vor folgendem *ā*, *a* lautet die Negation *m-*, als: *á-gdifa* ich tödte, *m-ágdifa* ich tödte nicht, *á-gdifa* ich habe getödtet, *mā-gduf-íni-yo* (= *mā-a-gd*") ich habe nicht getödtet.

Die Fragepartikel lautet *-hó*, als: *āgdifa-hó* tödte ich? *māgdifa-hó* tödte ich nicht? u. s. w. Häufig wird dieses *hó* ausgelassen, doch bleibt dann der Accent auf der vorletzten Silbe des Verbs, z. B. *āgdífa* tödte ich? (vgl. *ágdifa* ich tödte).

Bevor wir zum regulären Verb übergehen, wollen wir zunächst die Flexion der gebräuchlichsten Hilfsverba folgen lassen.

### *A. Hilfsverba.*

#### 1. *a* sein, sagen, nennen.

Im Gebrauche sind folgende Formen:

| | | Imperfect | Perfect | Subjunctiv | Cohortativ | Imperativ Positiv | Imperativ Negativ |
|---|---|---|---|---|---|---|---|
| Sing. | 1. | *ā* | *a* | *o* | *ówā* | | |
| | 2. | *tā* | *ta* | *to* | *tówā* | *ē* | *m-i-n!* |
| | 3. m. | *yā* | *ya* | *yo* | *yówā* | | |
| | 3. f. | *tā* | *ta* | *to* | *tówā* | | |

| | Imperfect | Perfect | Subjunctiv | Cohortativ | Imperativ Positiv | Imperativ Negativ |
|---|---|---|---|---|---|---|
| Plur. 1. | *nā* | *na* | *no* | *nówā* | | |
| 2. | *tān* | *tan* | *ton* | *tónā* | *ëyā* | *mínā!* |
| 3. | *yān* | *yan* | *yon* | *yónā* | | |

Der Conditional lautet: *ā-do, tā-do, yā-do,* u. s. w.

Beispiele. *tā foló bāsák tā bāská bálli* dieses Brod ist süss wie Honig. *tā fólāl bāsák yān* diese Brode sind süss. *anú kāfí afár yo-h yā kādo kon yā laláy sugá-do anú rābá ak yarẹhá yan* ich heute ist mir schon der Tag vier, jetzt wenn ich bleibe den Tag, welcher fünf ist, so werde ich sterben, soll er gesagt haben (= sagte man, dass er gesagt habe). *atú ay ta?* was hast du gesagt? *y' ábbā māl yo ohó ak ówā* wohlan, ich will zu meinem Vater sagen: gieb mir Geld! *Náyimin yo-k mínā, Mārrá yo-k ëya* nennt mich nicht Naomi, sondern nennt mich Marra. *tāy tá-do* wenn du das sagst. *tāy tán-do* wenn ihr das sagt.

2) *na,* sein, existiren.

Im Gebrauche sind folgende Formen:

| | Imperfect | Perfect | Subjunctiv | Conditional | |
|---|---|---|---|---|---|
| Sing. 1. | *á-na* | *í-na* | *ā-ná-wo* | *ā-ná-do* | und *āniya-do* |
| 2. | *tá-na* | *tí-na* | *tā-ná-wo* | *tā-ná-do* | „ *tāniya-do* |
| 3. m. | *yá-na* | *yí-na* | *yā-ná-wo* | *yā-ná-do* | „ *yāniya-do* |
| 3. f. | *tá-na* | *tí-na* | *tā-ná-wo* | *ta-ná-do* | u. s. w. |
| Plur. 1. | *ná-na* | *ní-na* | *nā-ná-wo* | *nā-ná-do* | |
| 2. | *tá-ni-n* | *tí-ni-n* | *tā-n-ó-na* | *ta-ní-n-do* | |
| 3. | *yá-ni-n* | *yí-ni-n* | *yā-n-ó-nā* | *ya-ní-n-do* | |

Anmerkung. Im Imperfect und Perfect kommen auch für den Singular und die erste Person des Plurals die verkürzten Formen (mit Abfall von auslautendem *a*) vor, als *án, tān, yān, nān,* ebenso *in, tin* u. s. w., jedoch beschränkt sich dieser Gebrauch fast nur auf Nebensätze, z. B.: *el nān bāṛó* das Land, in welchem wir uns befinden, dagegen: *tāy bāṛól nána* wir befinden (leben) uns in diesem Lande. Die zweite und dritte Person Pluralis lautet im Imperfect und Perfect auch *tānini, yānini* und *tinini, yinini*, und im Subjunctiv *tánon, yánon* für *tānónā, yānónā.*

Beispiele. *sin iló ánla tána* wo ist euer Korn? *umbí bāról mayé ka umá hiyáwā yánin* in jedem Lande gibt es gute und böse Menschen. *ku rāyló inkó ku yānini* leben dir deine Kinder alle? *numá tína* es war (einst) eine Frau. *āy-lí tána* bei wem bist (lebst) du? *iná ak rábta bārá tina yan, ábbā yina yan* es war, so erzählt man (*yan* sie haben gesagt), einst ein Mädchen, deren Mutter gestorben war, der Vater aber war noch am Leben, so erzählt man. *tāl tāniyádo* wenn du hier gewesen wärest.

Für das Imperfect und Perfect bestehen noch folgende Nebenformen:

| | | Imperfect | Perfect |
|---|---|---|---|
| Sing. | 1. | *āni-yó* | *ini-yó* |
| | 2. | *tāni-tó* | *tini-tó* |
| | 3. | — | — |
| Plur. | 1. | *nāni-nó* | *nini-nó* |
| | 2. | *tāni-tón* | *tini-tón* |
| | 3. | *yānin-ón* | *yinin-ón.* |

Diese Formen werden im Positiv neben den gewöhnlichen gebraucht, z. B.: *anú ufe-li ána* und *āniyó* ich befinde mich am Leben; in der Regel beschränkt sich aber der Gebrauch dieser Formen auf das Negativ und Interrogativ, als: *atú yaqal-li mā-tānito* du bist nicht klug (mit Verstand). *māl-li tānito-hó* hast du Geld (bist du mit Geld)? *māl-li mā tānito-hó* hast du kein Geld?

### 3. *ka* werden, entstehen.

Im Gebrauche sind folgende Formen:

| | | Imperfect | Perfect | Subjunctiv | Cohortativ | Imperativ |
|---|---|---|---|---|---|---|
| Sing. | 1. | *á-ka* | *í-ka* | *á-ko* | *ā-kó-wā* | *tík!* negat. *mā-tíkin!* |
| | 2. | *tá-ka* | *tí-ka* | *tá-ko* | *tā-kó-wā* | |
| | 3. m. | *yá-ka* | *yí-ka* | *yá-ko* | *nā-kó-wā* | |
| | 3. f. | *tá-ka* | *tí-ka* | *tá-ko* | *tā-kó-wā* | |
| Plur. | 1. | *ná-ka* | *ní-ka* | *ná-ko* | *nā-kó-wā* | |
| | 2. | *tā-kin* | *tí-kin* | *tá-kon* | *tā-kón-ā* | *tikā!* negat. *ma-tikína!* |
| | 3. | *yā-kin* | *yí-kin* | *yā-kon* | *yā-kón-ā* | |

Die Negation wird mit *mā-*, vor *y* aber mit *mi-* ausgedrückt, als: *m-ā-ka*, *mā-tā-ka*, *mi-yā-ka* ich werde nicht, u. s. w. Um das negative Perfect vom Imperfect zu unterscheiden, wird die obige Form *iniyó*, *initó* u. s. w. mit dem Perfect *á-ka* verbunden, wobei nach *a* das *k* abfällt. In der dritten Person Singularis lautet die Form dann aber *inā* für *yinā* und im Plural der dritten Person *inin* für *yinin*, als:

| | | | |
|---|---|---|---|
| Sing. | 1. | *m-ā-k-iniyó* | ich bin nicht geworden. |
| | 2. | *mā-ta-k-initó* | du bist nicht geworden. |
| | 3. m. | *mi-ya-k-iná* | er ist nicht geworden. |
| | 3. f. | *mā-ta-k-iná* | sie ist nicht geworden. |
| Plur. | 1. | *mā-na-k-ininó* | wir sind nicht geworden. |
| | 2. | *mā-ta-k-initón* | ihr seid nicht geworden. |
| | 3. | *mi-ya-k-inón* | sie sind nicht geworden. |

Beispiele. *atá y' ayda má-tāka* du bist mir nicht gleich geworden (bist mir nicht ebenbürtig). *āy bāṛá kimbiró táka* dieses Mädchen wurde ein Vogel. *olúl táka bāṛól* es entstand eine Hungersnoth im Lande. *ifó yáko ya*, *ifó yáka yan* es werde Licht, sagte er (Gott) und es ward Licht, so hat man erzählt. *nanú inkí mēla nākowā* wir wollen ein einziges Volk werden (wollen uns vereinigen zu einem Volke)!

## 4. *ki* sein.

Im Gebrauche sind folgende Formen:

| | | Imperfect I | Imperfect II | Perfect I | Perfect II |
|---|---|---|---|---|---|
| Sing. | 1. | *kiyó* | *kiniyó* | *ki* oder *kik ína* | *ki* oder *kik iniyó* |
| | 2. | *kitó* | *kinitó* | „ „ „ *tína* | „ „ „ *tinitó* |
| | 3. m. | *ki* | *kiní* | „ „ „ *yína* | „ „ „ *yína* |
| | 3. f. | „ | „ | „ „ „ „ | „ „ „ „ |
| Plur. | 1. | *kinó* | *kininó* | „ „ „ *nína* | „ „ „ *nininó* |
| | 2. | *kitín* | *kinitín* | „ „ „ *tínin* | „ „ „ *tinitón* |
| | 3. | — | *kinón* | „ „ „ *yínin* | „ „ „ *yinón* |

Anmerkung. Statt der doppelten Flexion in *ki iniyó*, *ki tinitó* u. s. w. finden sich auch die Formen *ki iniyó*, *-initó*, *-inā*, *-ininó*, *-initón*, *-inón*.

Die Negation wird mit *mā-* ausgedrückt, als: *mā-kiyo* u. s. w. Das Fragewort ist *-ho*, welches aber auch weggelassen werden kann, als: *ayí rāylo kitini-hó* oder *kitíni* wessen Söhne seid ihr?

Beispiele. *anú ku sāhíb kiyó* ich bin dein Freund. *atú y mādārā kitó* du bist mein Herr. *āy gúfā sánga kiní, y ábbā gārúd ki yína* dieser Bursche ist ein Eunuch und war meines Vaters Sklave. *atú y ábbā mā-kito-hó* bist du nicht mein Vater? *anú bīra lāhoténa kík ina, bera mayetíyā áka* ich war gestern krank, aber morgen werde ich schon gesund werden.

Das negative Perfect: ich bin nicht gewesen, lautet also:

| | | | | | |
|---|---|---|---|---|---|
| Sing. 1. | *ki* | oder | *kik* | *má-n-āniyó.* |
| 2. | „ | „ | „ | *má-n-ānitó.* |
| 3. m. | „ | „ | „ | *má-n-āná.* |
| 3. f. | „ | „ | „ | „ |
| Plur. 1. | „ | „ | „ | *má-n-āninó.* |
| 2. | „ | „ | „ | *má-n-ānitón.* |
| 3. | „ | „ | „ | *má-n-ānón.* |

Anmerkung. *mānāniyo* u. s. w. = *má-ān-āni-yó*, Reduplication von *ān-i-yo.*

5. *la*[1] haben, besitzen.

Im Gebrauche sind folgende Formen:

| | Imperfect | Perfect | | | |
|---|---|---|---|---|---|
| Sing. 1. | *liyó* | *li* | oder | *lik* | *ína* |
| 2. | *litó* | „ | „ | „ | *tína* |
| 3. m. u. f. | *la* | „ | „ | „ | *yína,* fem. *tína* |
| Plur. 1. | *linó* | „ | „ | „ | *nína* |
| 2. | *litín* | „ | „ | „ | *tínin* |
| 3. | *linón* | „ | „ | „ | *yínin.* |

Die Negation lautet, Imperfect: *mā-liyo* u. s. w., Perfect: *li* oder *lik mānāniyo* u. s. w. Die Frageform ist: *liyo-hó* oder *líyo?* Für das Perfect im positiven Falle lautet die Frage: *li* oder *lik iniyo-hó* (oder *iníyo*), *li, lik tinito-hó* (oder *tiníto*) u. s. w., ebenso in der Negation: *li, lik mānāniyo-hó* (oder *mānāniyo*) u. s. w.

---

[1] sprich: *lä; ă* im In- und Auslaute wird meist als *ä* gesprochen.

Beispiele. *aná māl liyó* ich habe Geld, *māl má-liyo* ich habe kein Geld. *māl líto* hast du Geld? *māl má-lito-hó* hast du kein Geld? *kumál māl lik ína, kāfí māl má-liyo* gestern hatte ich Geld, heute keines. *kumál* (oder *bīra*) *māl lik mānāniyó, kāfí māl liyó* gestern hatte ich kein Geld, heute aber habe ich Geld. *ku iná lāhó la* ist deine Mutter krank (hat deine Mutter eine Krankheit)? *lāhó mā-la* nein, sie ist nicht krank. *atú luwá líto* hast du Hunger? *luwá má-lito-hó* hast du keinen Hunger? *āyda māl líto* wie viel Geld hast du? *yānguli ink' ifē la γári li yína yan, wakarí tāmmaná ifē la γari lik tína yan* die Hyäne soll ein Haus gehabt haben, welches eine einzige Thür besitzt, der Schakal aber soll ein Haus mit zehn Thüren gehabt haben. *Musē lāmmá bára li yína yan. Hāylu γāyló li mānāná yan* Moses soll zwei Söhne, Haylu aber keine Kinder gehabt haben.

## Flexion der Verba 1.

Wir wählen als Muster folgende Verba aus: *ba* hören, *kata* versammelt sein, beisammen sein, *lāka* senden, *bala* sehen, *gadafa* tödten, *kataba* schreiben. Da die dritte Person feminini mit der zweiten Person gleich lautet, so lassen wir hier jene fort und geben für die dritte Person Singularis nur die masculine Form an.

Aoristisches Imperfect.

| Singular | | | Plural | | |
|---|---|---|---|---|---|
| 1. | 2. | 3. | 1. | 2. | 3. |
| *á-ba* | *tá-ba* | *yá-ba* | *ná-ba* | *tā-b-ín* | *yā-b-ín* |
| *á-kẹta* | *tá-kẹta* | *yá-kẹta* | *ná-kẹta* | *tā-kẹt-ín* | *yā-kẹt-ín* |
| *á-lika* | *tá-lika* | *yá-lika* | *ná-lika* | *tā-lik-ín* | *yā-lik-ín* |
| *á-bẹla* | *tá-bẹla* | *yá-bẹla* | *ná-bẹla* | *tā-bẹl-ín* | *yā-bẹl-ín* |
| *á-gdifa* | *tá-gdifa* | *yá-gdifa* | *ná-gdifa* | *tā-gdif-ín* | *yā-gdif-ín* |
| *á-ktuba* | *tá-ktuba* | *yá-ktuba* | *ná-ktuba* | *tā-ktub-ín* | *ya-ktub-ín* |

Aoristisches Perfect.

| | | | | | |
|---|---|---|---|---|---|
| *o-ba* | *tó-ba* | *yó-ba* | *nó-ba* | *tō-b-ín* | *yo-b-ín* |
| *á-kẹta* | *tá-kẹta* | *yá-kẹta* | *ná-kẹta* | *ta-kẹt-ín* | *ya-kẹt-ín* |
| *í-lika* | *tí-lika* | *yí-lika* | *ní-lika* | *ti-lik-ín* | *yi-lik-ín* |
| *ú-bẹla* | *tú-bẹla* | *yú-bẹla* | *nú-bẹla* | *tu-bẹl-ín* | *yu-bẹl-ín* |
| *í-gdifa* | *tí-gdifa* | *yí-gdifa* | *ní-gdifa* | *ti-gdif-ín* | *yi-gdif-ín* |
| *ú-ktuba* | *tú-ktuba* | *yú-ktuba* | *nú-ktuba* | *tu-ktub-ín* | *yu-ktub-ín* |

Anmerkung. Für die Secunda und Tertia Pluralis existiren auch die längeren Formen: *tābiní*, *yābiní*, *tākẹtiní*, *yākẹtiní* u. s. w. Ebenso im Perfect: *tobiní*, *yobiní* u. s. w.

Subjunctiv

| Singular | | | Plural | | |
|---|---|---|---|---|---|
| 1. | 2. | 3. | 1. | 2. | 3. |
| *á-bo* | *tá-bo* | *yá-bo* | *ná-bo* | *tá-bōn* | *yá-bōn* |
| *ā-káto* | *tā-káto* | *yā-káto* | *nā-káto* | *tā-kát-on* | *yā-kát-on* |
| *ā-láko* | *tā-láko* | *yā-láko* | *nā-lāko* | *tā-lák-on* | *yā-lák-on* |
| *ā-bálo* | *tā-bálo* | *yā-bálo* | *nā-bálo* | *tā-bál-on* | *yā-bál-on* |
| *ā-gdáfo* | *tā-gdáfo* | *yā-gdáfo* | *nā-gdáfo* | *tā-gdáf-on* | *yā-gdáf-on* |
| *ā-ktábo* | *tā-ktábo* | *yā-ktábo* | *nā-ktábo* | *tā-ktáb-on* | *yā-ktáb-on.* |

Anmerkung. Für die zweite und dritte Pluralis bestehen auch die verlängerten Formen: *tābōná*, *yābonā*, *tākātoná* u. s. w. Der Cohortativ setzt an die obigen Formen ein *y* an, z. B.: *ābóy*, *ālakóy* u. s. w., im Plural der zweiten und dritten Person wird *y* an die verlängerten Formen angefügt, z. B. *tālākonáy* wohlan, so schicket! u. s. w.

Das Negativ wird mit *mā-*, vor folgendem *ā*, *o*, *u* nur mit *m'-*, und vor *y* aber *mi-* lautend, gebildet, als: *m-ába*, *má-tāba*, *mí-yāba* u. s. w. Für das Perfect lautet die negative Form entweder regelrecht: *m-óba*, *má-toba* u. s. w. oder es wird dem negativen Subjunctivstamm das Hilfszeitwort *iniyó*, *initó*, *iná* (3. sing. gen. comm.), Plur. *ininó*, *initón*, *inón* angefügt, als: *mā-lāk-iniyó*, *mā-lak-initó*, *mā-lāk-iná*, *mā-lāk-ininó* u. s. w. Die Fragepartikel ist *-hó*, als: *āgdifa-hó* oder *āgdífa?* u. s. w.

In den abgeleiteten Formen: Causativ, Reflexiv, Passiv u. s. w. tritt bei den Verben, welche im Imperfect, Perfect und Subjunctiv den ersten Stammvocal abgeworfen haben, derselbe wieder zum Vorschein, als: *á-s-bala*, *tá-s-bala* ich lasse sehen, du lässt sehen u. s. w., Perfect: *ú-s-bula*, *tú-s-bula* u. s. w.

*Imperativ.*

Die zweite Person Singularis des Imperativs stimmt der Form nach mit der ersten Person des Perfects überein, nur fällt das auslautende *a* ab, als: *ilik* sende! *igdíf* tödte! *uktúb* schreibe! Formen mit dem Schwa mobile nehmen im Stammvocal den Vocal des Personalpräfixes an, als: *a-kát* geselle dich bei! *u-búl* siehe! Einradicalige stimmen mit der ersten Person überein, nur ruht der Accent auf der letzten Silbe, als: *obắ* höre!

Die zweite Person Pluralis setzt an den Singularstamm *ā* an, als: *ilíkā* sendet! *igdífā* tödtet! *uktúbā* schreibt! u. s. w. *obắ* lautet im Plural: *obá* höret!

Eine zweite Form für den Plural wird gebildet, indem an den obigen Plural *-ntā* angefügt wird, als: *obá-ntā* höret! *akatá-ntā* gesellet euch bei! *iliká-ntā* sendet u. s. w.

Die negative Form des Imperativs erhält man, wenn man dem Subjunctivstamm *mā-* vorsetzt und statt auslautendem *o* die Silbe *-ín*, Plur. *-ínā* anfügt, als: *mā-b-ín* höre nicht! Plur. *mā-b-ínā* hört nicht! *mā-kāt-ín!* Plur. *mā-kāt-ínā! mā-lāk-ín!* Plur. *mā-lāk-ína!* u. s. w.

## *Duratives Imperfect und Perfect.*

An die aoristische Form des Imperfect und Perfect wird das Hilfsverb *na* angefügt und dieses gleichfalls flectirt, als: *ába ána* ich höre zu, *tába tána* du hörst zu, *ālika āna* ich sende fortwährend, regelmässig, *tālika tāna* du sendest stets, Perf. *ílika ína* ich sendete stets, *tílika tína* du u. s. w.

Eine ebenso häufige Art, das durative Imperfect und Perfect zu bilden, besteht darin, dass auslautendes *a* der ersten Person Imperfecti zu *i* oder *i-k* verwandelt wird, und mit dieser unverändert bleibenden Form wird dann das Hilfsverb *na* (wie oben flectirt) verbunden, z. B.:

| | | Imperfect | | | | Perfect | | | |
|---|---|---|---|---|---|---|---|---|---|
| Sing. | 1. | *ālíki* | oder | *ālíkik* | *ána* | *ālíki* | oder | *ālíkik* | *ína* |
| | 2. | „ | „ | „ | *tána* | „ | „ | „ | *tína* |
| | 3. | „ | „ | „ | *yána* | „ | „ | „ | *yína* |

u. s. w.

Die negative Form wird gebildet, indem dem obigen unverändert bleibenden Verb das negative *m-ānāniyó* u. s. w. angefügt wird, als: *ālíki* oder *ālíkik m-ānāniyó* ich sendete nicht stets, *ālíki m-ānānitó* du u. s. w.

*Gerundiv.*

1. Um die Nothwendigkeit zur Ausführung einer Handlung auszudrücken, wird das bestimmte Verb in der Subjunctivform mit dem Hilfsverb *ki* (sein) verbunden, z. B.

*ālắko kiyó* ich muss senden
*tālắko kitó* du musst senden
*yālắko kiní* er muss senden
u. s. w.

2. Eine andere Ausdrucksweise dieses Modus besteht darin, dass das bestimmte Verb in der Subjunctivform mit der dritten Person Singularis von *ki* verbunden wird, z. B.:

| | | | | |
|---|---|---|---|---|
| *ālắko kiní* ich muss senden | = | es ist, | dass | ich sende |
| *tālắko kiní* du musst senden | = | „ | „ | du sendest |
| *yālắko kiní* er muss senden | = | „ | „ | er sende |

u. s. w.

*Particip.*

Es wird aus dem Perfectstamm gebildet; bei den zwei- und dreiradicaligen wird jedoch der erste Stammvocal, der im Imperfect und Perfect elidirt wird, im Particip beibehalten, z. B.:

| | Perfect | Particip |
|---|---|---|
| *ama* schlecht sein | *úma* (für *u-uma*) ich war böse | *um* böse |
| *agada* gleichen | *ígida* (für *i-ígida*) ich glich | *igíd* gleichend |
| *dalasa* fett sein | *u-dlusa* ich war fett | *dulús* fett seiend |
| *ḥarafa* verlangen | *i-ḥrifa* ich verlangte | *ḥiríf* verlangend |
| *kahana* lieben | *i-khina* ich liebte | *kihín* liebend |
| *nabada* erwachen | *i-nbida* ich erwachte | *nibíd* erwachend |
| *nafaqa* geizen | *u-nfuqa* ich geizte | *nufúq* geizend |
| *nagasa* herrschen | *u-ngusa* ich herrschte | *nugús* herrschend |
| *saḥaṭa* schaden | *o-sḥoṭa* ich schadete | *soḥóṭ* schadend |
| *rahasa* reich sein | *o-rhosa* ich war reich | *rohós* reich. |

Der Plural dieser Participia wird gebildet mit *-āt* oder *-māra*, als: *um-āt* oder *um-a-māra*, *igid-āt* oder *igid-māra*, *dulus-āt* oder *dulus-māra*, u. s. w.

Verbal flectirt wird dieses Particip also:

| | | Imperfect | | Perfect |
|---|---|---|---|---|
| Sing. | 1. | *um-yó* | oder *umā kiyó* | *um-ā ki ína* |
| | 2. | *um-i-tó* | „ *um-ā kitó* | „ „ *tína* |
| | 3. m. | *um-ā* | „ „ *kiní* | „ „ *yína* |
| | 3. f. | *um-ā* | „ „ *kiní* | „ „ *tína* |
| Plur. | 1. | *um-i-nó* | „ *um-a-māra kinó* | *um-a-māra ki nína* |
| | 2. | *um-i-tón* | „ „ *kitín* | „ „ *tinín* |
| | 3. | *um-ón* | „ „ *kinón* | „ „ *yinín* |

Anmerkung. Statt *um-ā kiyó*, wörtlich: ich bin einer, welcher schlecht ist (s. Relativ, 3), sagt man auch: *um-ā-tí-ya kiyó*, Fem. *um-ā-t-yá kiyó* (s. Relativ, 1).

## *Relativ.*

1. Statt diesen angegebenen Participialformen kann auch das relative *-tíyā*, Fem. *-tyá*, Plur. *-mára* mit dem bestimmten Verb verbunden werden, z. B.: *aná kāy ákhina tíyā kiyó* = *kāy kihin-yo* eum amans sum ego, Perf. *kāy íkhina tíyā ki ína* ich war einer, der ihn geliebt hat.

2. Dasselbe Relativ wird auch gebildet durch Anfügung von *-m* an das bestimmte Verb; z. B. *āy yubeliní-m siní madára wánisan* sie erzählten ihrem Herrn, was sie gesehen hatten.

Anmerkung 1. Dieses *-m* wird auch in Objectssätzen gebraucht, z. B.: *kay yígdifa-m úbela* ich sah, dass er ihn tödtete.

3. Relativsätze werden auch einfach dadurch ausgedrückt, dass man dieselben dem regierenden Satze voranstellt, z. B.: *āy yúbelin siní mādára wánisan* sie erzählten ihrem Herrn, was sie gesehen hatten.

## *Verbalnomen.*

Die wichtigsten Formen sind folgende:

1. Der Infinitiv oder das Nomen actionis; dasselbe unterscheidet sich von der ersten Person Singularis des Subjunctivs nur durch das fehlende *-o* im Auslaut. Der Plural wird von diesem Nomen gebildet, indem das letzte *a* des Stammes zu *o* verändert wird, z. B.:

| Subjunctiv | Infinitiv |
|---|---|
| *ā-gdáfo* dass ich tödte | *āgdáf* Plur. *ágdof* |
| *ā-gdál-o* dass ich breche | *āgdál* „ *ágdol* |
| *ā-fṭár-o* dass ich schaffe | *āfṭár* „ *áfṭor* |

Beispiele. *āgdáf umá* das Tödten ist sündhaft. *ágdof ka ábor yālli íntit-il nabá abásos kinón* Tödtungen und Beraubungen (von *bara*, Infinitiv *ābár* Plural *ábor*) sind in Gottes Augen grosse Sünden.

2. Die gleiche Bedeutung kommt auch den Nomina mit dem Präfix *mā* zu; die Bildung dieser Nomina erfolgt, indem der obigen Infinitivform *m-* vorgesetzt wird, als: *m-āgdáf* Plur. *m-ágdof* das Tödten, die Tödtung u. s. w.

3. Wird an die vorangehende Form *-a*, fem. *-á*, Plur. *-it* angesetzt, so erhält man das Nomen agentis, z. B.:

| | | | |
|---|---|---|---|
| *māgdáf-a* | fem. *māgdāf-á* | Plur. *māgdáf-it* | Mörder |
| *māṛág-a* | „ *māṛāg-á* | „ *māṛág-it* | Gelehrter (*ṛāga*) |
| — | „ *mā-ṭḥān-á* | „ *māṭḥán-it* | Müllerin (*ṭaḥana*) |
| *māták-a* | „ *mātāk-á* | „ *māták-it* | Schläger (*tāka*). |

4. Die vorangehende Femininform mit verkürztem *ă* in der letzten Stammsilbe stellt Verbalnomina des Ortes dar, sie sind feminini generis und bilden den Plural auf *-it*, z. B.:

| | | |
|---|---|---|
| *māgdafá* | Plur. *māgdáfit* | Ort des Mordes |
| *māṛagá* | „ *māṛágit* | Sitz der Gelehrsamkeit |
| *māγagá* | „ *māγágit* | Grab (*γaga* begraben) |
| *māṭḥaná* | „ *māṭḥánit* | Mühle. |

5. Statt des auslautenden *-ā* das Suffix *-ó* (gen. fem.) gesetzt, erhält man Nomina, welche das Werkzeug einer Handlung ausdrücken; der Plural wird gebildet, indem an dieses *o* der Consonant des Auslautes gesetzt wird; z. B.:

| | | |
|---|---|---|
| *mābó* | Plur. *mábob* | Gehör, Werkzeug des Hörens (von *ba*) |
| *māható* | „ *māhátot* | Kauwerkzeug (von *hata* kauen) |
| *māṛagó* | „ *māṛágog* | Lehrbuch (von *ṛāga* wissen) |
| *mātakó* | „ *mātákok* | Instrument zum Schlagen (v. *taka* schlagen). |

6. Aus dem Perfectstamm werden ebenfalls Nomina gebildet und zwar, indem man auslautendes *ă* der ersten Person in *ā* verwandelt; diese Nomina drücken das Resultat einer Handlung aus, sind feminini generis und bilden den Plural nach Art der vorangehenden Nomina; z. B.:

*ubqá* Pl. *úbqaq* Geburt (*ú-bqa* ich gebar, von *baqa* gebären)
*ugrá* „ *úgrar* Hieb (*u-gra* ich schlug, von *gara* schlagen)
*utká* „ *útkak* Schlag (*u-tka* ich schlug, von *taka* schlagen).

7. Indem man den Perfectstamm *mu-* vorsetzt, dessen *u* den Stammvocal sich assimilirt, erhält man masculina Nomina, welche den Gegenstand, das Object einer Handlung ausdrücken; ich kenne diese Formation jedoch nur bei zweiradicaligen Verben; z. B.:

*mu-luk* Pl. *mu-lúk-uk* Botschaft (*í-lika* ich sendete, *lāka* senden)
*mu-qúγ* „ *mu-qúγ-uγ* Last (*ú-quγa* ich trug, *qaγa* tragen)
*mu-γúg* „ *mu-γúg-ug* Wissenschaft (*a-γiga* ich erfuhr, *γāga* wissen)
*mu-súl* „ *mu-súl-ul* Gegenstand des Gelächters (*ú-sula* ich lachte, *sala* lachen).

8. Aus dem Verbalstamm werden Nomina agentis, den Beruf ausdrückend, gebildet, indem man an den letzten Consonanten *-to*, fem. *-tó*, Plur. *-tit* ansetzt; z. B.:

*harás-to* fem. *haras-tó* Pl. *harás-tit* Bauer, *harasa* pflügen
*katáb-to* „ *katab-tó* „ *katáb-tit* Schreiber, *kataba* schreiben
*nagás-to* „ *nagas-tó* „ *nagás-tit* Herrscher, *nagasa* herrschen
*radán-to* „ — „ *radán-tit* Schum, Schech, *radana* regieren.

9. An den Verbalstamm wird *-t* angefügt und man erhält Nomina abstracta masculini generis; z. B.:

*amanát* Pl. *amánot* Depôt, von *amana* anvertrauen
*saγarát* „ *saγárot* Beute, Sieg, von *saγara* erbeuten, besiegen
*rahasát* „ *rahásot* Reichtum, von *rahasa* reich sein
*kahanát* „ *kahánot* Liebe, von *kahana* lieben.

10. Dieselbe Bedeutung kommt auch den Nomina auf *-tó* (fem. gen.) zu, welches *-tó* an den letzten Consonanten des Stammes angefügt wird, wie *kahan-tó* Liebe, *rahas-tó* Reichtum; *rahas-tó liyó* ich besitze Reichtum, ich bin reich = *rohós kiyó*; *rahas-tó la-tíya* einer, welcher Reichtum besitzt = *rohós kin hiyáwto* ein Mann, welcher reich ist.

### Flexion der abgeleiteten Formen der Verba I.

Die Flexion folgt genau der von der Grundform, z. B. von *gadafa* tödten: Imperf. *ā-s-gídifa* ich liess tödten, *tā-s-gídifa* du u. s. w., Perf. *i-s-gídifa*, Subj. *ā-s-gādáfo*, Imp. *i-s-gidíf!* Infinitiv *ā-s-gādáf*, Plur. *ā-s-gádof* das Tödtenlassen, *mā-s-gādāfa*

Anstifter des Mordes; *mā-s-gādāfá* Ort der Anstiftung des Mordes u. s. w. Passiv: *ā-n-gádafa* ich werde getödtet werden, *tā-n-gádafa* du wirst getödtet werden, Reflexiv: *ā-ta-gádafa* ich werde mich tödten, *yi-ti-gídifa* er hat sich getödtet.

## Flexion der Verba II.

Die Stammvocale bleiben in allen Zeiten und Arten unverändert; Infinitiv und Imperativ sind mit dem Wortstamm gleich, die Flexion erfolgt durch Suffixe. Als Muster wählen wir folgende Verba aus: *āb* machen, *dirig* mengen, *dum* untergehen, *hadil* theilen, *ṛin* schlafen. Da die tertia feminini singularis mit der zweiten Person gleichlautend ist, so geben wir für die tertia singularis nur die masculine Form an.

Aoristisches Imperfect.

| Singular | | | Plural | | |
|---|---|---|---|---|---|
| 1. | 2. | 3. | 1. | 2. | 3. |
| *áb-ā* | *āb-tā* | *āb-ā* | *āb-nā* | *āb-tān* | *āb-ān* |
| *diríg-ā* | *dirik-tā* | *dirig-ā* | *dirik-nā* | *dirik-tān* | *dirig-ān* |
| *dúm-ā* | *dum-tā* | *dum-ā* | *dum-nā* | *dum-tān* | *dum-ān* |
| *hadíl-ā* | *hadil-tā* | *hadil-ā* | *hadil-nā* | *hadil-tān* | *hadil-ān* |
| *ṛín-ā* | *ṛin-tā* | *ṛin-ā* | *ṛin-nā* | *ṛin-tān* | *ṛin-ān* |

Aoristisches Perfect.

| Singular | | | Plural | | |
|---|---|---|---|---|---|
| 1. | 2. | 3. | 1. | 2. | 3. |
| *áb-a* | *āb-ta* | *āb-a* | *āb-na* | *āb-tan* | *āb-an* |
| *dúm-a* | *dum-ta* | *dum-a* | *dum-na* | *dum-tan* | *dum-an* |

u. s. w.

Subjunctiv.

| Singular | | | Plural | | |
|---|---|---|---|---|---|
| 1. | 2. | 3. | 1. | 2. | 3. |
| *áb-o* | *āb-to* | *āb-o* | *āb-no* | *āb-ton* | *āb-on* |
| *dúm-o* | *dum-to* | *dum-o* | *dum-no* | *dum-ton* | *dum-on* |

u. s. w.

Anmerkung 1. Die secunda und tertia pluralis haben im Imperfect und Perfect nach dem Personalsuffix ein *í*, als: *āb-tāní*, *āb-aní; āb-taní, āb-aní* und im Subjunctiv *ā* als. *āb-toná*, *āb-oná*.

Der Cohortativ setzt an den Subjunctiv *y* an, als: *āb-óy, āb-tóy, āb-óy, āb-nóy, āb-tonáy, āb-onáy.*

Anmerkung 2. Verba mit auslautendem *t* assimiliren dasselbe in der prima Pluralis an *n*, als: *bēn-nā* wir essen (= *bēt-nā*), *bēn-na* wir assen u. s. w.

Anmerkung 3. Verba mit auslautendem *g* und *h* verändern diese Consonanten von *t* und *n* zu *k* und *χ*, die auf *s* auslautenden aber assimiliren das Suffix *tā, ta, to* und *tān, tan, ton* an *s* zu *sā, sa, so, sān* u. s. w., z. B. Imperfect von *bah* bringen, *γag* berühren, *is* machen:

| | | | | |
|---|---|---|---|---|
| Sing. | 1. | *γág-ā* | *bah-ā* | *is-ā* |
| | 2. | *γak-tā* | *baχ-tā* | *is-sā* |
| | 3. | *γag-ā* | *bah-ā* | *is-a* |
| Plur. | 1. | *γak-nā* | *baχ-nā* | *is-nā* |
| | 2. | *γak-tān* | *baχ-tān* | *is-sān* |
| | 3. | *γag-ān* | *bah-ān* | *is-ān* |

Das Negativ wird mit *mā-* gebildet, als *mā-γin-ā, mā-γin-tā* u. s. w. Im Perfect wird die Negation ausgedrückt, indem an den negirten Stamm das Hilfsverb *iniyó, initó* u. s. w. angesetzt wird, als: *m-āb-iniyó, m-āb-initó, m-āb-iná* ich machte nicht, du u. s. w., *mā-γin-iniyó* ich schlief nicht (auch dafür *mā-γin-a*).

### *Duratives Imperfect und Perfect.*

1. An die aoristische Form wird das Hilfsverb *na* angefügt, als:

| | | Imperfect | Perfect |
|---|---|---|---|
| Sing. | 1. | *áb-ā á-na* | *áb-a í-na* |
| | 2. | *āb-tā tā-na* | *āb-ta ti-na* |
| | 3. | *āb-ā yā-na* | *āb-a yi-na* |

u. s. w.

2. An den Auslaut des Suffixes vom bestimmten Verbum wird *k* angefügt, als:

| | | Imperfect | Perfect |
|---|---|---|---|
| Sing. | 1. | *āb-ā-k ā-na* | *āb-a-k i-na* |
| | 2. | *āb-tā-k tā-na* | *āb-ta-k ti-na* |
| | 3. | *āb-ā-k yā-na* | *āb-a-k yi-na* |

u. s. w.

3. An die Form der ersten Person Perfecti wird *k* angefügt und diese unveränderlich bleibende Form mit der Copula verbunden, als:

| | | Imperfect | Perfect |
|---|---|---|---|
| Sing. | 1. | *áb-a-k á-na* | *āb-a-k i-na* |
| | 2. | *āb-a-k tā-na* | „ *ti-na* |
| | 3. | *āb-a-k yā-na* | „ *yi-na* |

u. s. w.

Anmerkung. Dieses *k* kann auch wegbleiben, als *āba āna, āba tāna* u. s. w.

Die negative Form wird gebildet, indem an den obigen Stamm auf *-a* oder *-ak* das negirende *m-ānāniyó, m-ānānitó* u. s. w. angesetzt wird, als: *āba, ābak mānāniyó* ich habe nicht gemacht.

## *Imperativ.*

Der Verbalstamm stimmt mit der secunda imperativa überein, als *āb* mache! *ṛag* berühre! u. s. w. Der Plural lautet *-á* oder *-āntā*, als: *āb-ā* oder *āb-āntā* machet! Das Negativ setzt an den negativen Verbalstamm *-ín*, Plur. *-ínā* an, als: *m-āb-ín* tue nicht! *m-āb-ínā* tuet nicht! *mā-ṛin-ín* schlafe nicht! Plur. *mā-ṛin-ínā* schlafet nicht!

## *Gerundiv.*

Die Formation desselben ist wie bei den Verben I, indem an den Subjunctiv das Hilfsverb *ki* angesetzt wird, als:

*ābo kiyó* ich muss machen
*ābto kitó* du musst „
u. s. w.

Ebenso gebräuchlich ist die Verbindung von *kiní* (es ist) mit dem Subjunctiv, als:

| | | | |
|---|---|---|---|
| Sing. | 1. | *ābo kiní* | = *ābo kiyó* |
| | 2. | *ābto kiní* | = *ābto kitó* |
| Plur. | 1. | *ābno kiní* | = *ābno kinó* |
| | 2. | *ābton kiní* | = *ābton kitín* |
| | 3. | *ābon kiní* | = *ābon kinón.* |

## *Particip.*

Das eigentliche Particip fehlt bei den Verben II, dafür werden die relativen Formen auf *-tíyā*, fem. *-tyā*, Plur. *-mārā*, sowie die relativen Formen auf *-m* und zwar genau so, wie bei den Verben I angewendet; z. B. *tāy āba-tiyā āy kiní* = *tāy ába-m āy kiní* wer ist derjenige, der das gemacht hat? *saríttā-m wáyta* hast du nichts anzuziehen (wörtlich: hast du nicht erlangt, was du anziehen könntest, von *wāy* finden, *sarit* sich bekleiden).

### Verbalnomen.

1. Der Infinitiv entspricht dem Verbalstamm; z. B. *ṛin maγē kiní* der Schlaf ist wohltuend. *mangúm ṛin umá* viel zu schlafen ist schädlich (von *ṛin* schlafen, *ṛin-ā* ich schlafe) u. s. w.

2. Das Nomen abstractum wird gebildet mittelst des Suffixes *-ó;* diese Nomina sind feminini generis und bilden den Plural durch Anfügung des letzten Stammconsonanten an *-ó;* z. B.

| | | | | | |
|---|---|---|---|---|---|
| *āb-ó* | Plur. | *áb-ob* | Tat | von | *āb* machen |
| *abar-ó* | „ | *abár-or* | Fluch | „ | *abar* fluchen |
| *bad-ó* | „ | *bád-od* | Tod | „ | *bad* verenden |
| *bak-ó* | „ | *bák-ok* | Ende | „ | *bak* aufhören |
| *eser-ó* | „ | *esér-or* | Frage | „ | *eser* fragen |
| *ṛim-ó* | „ | *ṛím-om* | Preis | „ | *ṛim*, *ṛam* kaufen. |

3. Nomina auf *-á*, ebenfalls feminini generis, haben dieselbe Bedeutung, z. B.

| | | | | | |
|---|---|---|---|---|---|
| *bah-á* | Plur. | *báh-āh* | Not | von | *bah* arm sein |
| *bok-á* | „ | *bók-āk* | Kahlheit, Glatze | „ | *bok* kahl sein |
| *dal-á* | „ | *dál-āl* | Geburt | „ | *dal* gebären. |

Anmerkung. Trilitterae elidiren den letzten Stammvocal, z. B. *ark-á* das Erreichen, Ziel, von *'arak* erreichen; *orb-ā* Heimkehr, von *orob* heimgehen; *garẹγ-ā* Diebstahl, von *garaγ* stehlen.

4. Das Suffix *-éna*, fem. *-ēná*, Plur. *-ēnit* bildet nomina agentis; z. B.:

| | | | |
|---|---|---|---|
| *daγamit-ēna* | Bettler, | von | *daγam-it* betteln, *daγam* anrufen |
| *akalis-ēna* | Wäscher, | „ | *akal-is* waschen, *akal* rein sein |
| *garaγ-ēna* | Dieb | „ | *garaγ* stehlen |
| *kalah-ēna* | Reisender | „ | *kalah* reisen |
| *ṛauṛ-ēna* | Wächter | „ | *ṛauṛ* bewachen |
| *sarah-ēna* | Baumeister | „ | *sarah* bauen |

Anmerkung. Auch Bezeichnungen für Gebrauchsgegenstände werden so gebildet, z. B. *daf-ēna* Bank zum Sitzen.

*dib-ēna* Ruder, *fiy-ēna* Besen, *lif-ēna* Kelál, Haarnadel, *sar-ēna* Kleid u. s. w.

5. Das Suffix *-énta*, fem. *-ēntá*, Plur. *-ént-it* bildet ebenfalls nomina agentis; z. B.:

*alif-ēnta* Türe als Verschluss von *alif* schliessen
*bah-ēnta* Armer, Bettler „ *bah* arm sein
*ganzar-ēnta* Schlächter „ *ganzar* schlachten
*gar-ēnta* Wanderer, Gast „ *gar* gehen
*yasb-ēnta* Lohndiener „ *yasab* mieten um Lohn
*rāb-ēnta* Sterbender „ *rāb* sterben
*rāb-s-enta* Tödter „ *rāb-is* sterben machen
*ar-ēnta* heranwachsend „ *ar* wachsen
*ar-s-ēnta* Erzieher, Pfleger „ *ar-is* wachsen machen.

6. Das Suffix *-tó*, Plur. *-tit* bilden nomina concreta feminini generis, z. B.:

*dayam-tó* Geschenk von *dayam* anrufen um etwas
*farrim-tó* Testament „ *farrim* testiren
*kohol-tó* Augenschminke „ *kohol* die Augen salben.

## Das Substantiv.

Von der Ableitung der Nomina aus Verbalstämmen war bereits die Rede. Wir wollen nun in kurzen Strichen das Geschlecht, die Zahlbildung und die grammatische Verbindung der Nennwörter zu zeichnen suchen.

### *1. Das Geschlecht.*

Das Genus ist ein zweifaches, ein Masculinum und ein Femininum. Die Ermittelung des Genus unterliegt keinen Schwierigkeiten: die weiblichen Nennwörter endigen auf *-á*, *-é*, *-í*, *-ó*, *-ú*, die übrigen Nennwörter sind männlichen Geschlechtes.

### *2. Die Zahl.*

Der Numerus ist ein zweifacher und zwar Singular und Plural; jedoch wird bei den Gattungsnamen sowohl im Singular als auch im Plural unterschieden, ob das Nennwort ein Individuum, einen einzelnen Gegenstand aus einer Gattung, oder aber den Begriff als solchen ausdrücken soll; z. B. *adám* Mensch, Plur. *adāmum* Menschen, im Allgemeinen, als Gattung; aber *adám-to* fem. *adām-tó* ein einzelnes Individuum, männlich oder weiblich, Plur. *adám-tit* (gen. comm.) die einzelnen Individuen.

Der Individualis lautet im Singular *-ta*, *-to* für das männliche, *-tá*, *-tó* für das weibliche Geschlecht, im Plural *-tit* für beide Genera.

Der Plural der Gattung ist entweder ein äusserer, gebildet durch Suffixe oder Präfixe, oder ein innerer, gebildet durch Veränderung der Stammvocale.

A. Der äussere Plural wird am häufigsten gebildet:

a) bei vocalisch auslautenden Nennwörtern, indem der letzte Stamm-Radical nach dem auslautenden Vocal wiederholt wird; der Vocal der vorletzten Stammsilbe hat im Plural stets den Wortton, auslautendes *-ā* des Stammes wird vor der Pluralendung zu *-a* verkürzt; z. B.:

| | | | |
|---|---|---|---|
| *kākālaká* | Plur. | *kākāláka-k* | Process |
| *kālá* | „ | *kála-l* | Thonerde |
| *dité* | „ | *díte-t* | Finsterniss |
| *gidé* | „ | *gíde-d* | Anteil |
| *gíli* | „ | *gíli-l* | Daumen |
| *hādó* | „ | *hádo-d* | Fleisch |
| *ikó* | „ | *íko-k* | Zahn |
| *ārmú* | „ | *ármu-m* | Zügel |

b) Einige wenige Nomina bilden den Plural auf *-t*, als:

| | | | |
|---|---|---|---|
| *abína* | Plur. | *abíni-t* | Zauber |
| *ábo* | „ | *ábi-t* | Grossvater |
| *abuyá* | „ | *abúyi-t* | Grossmutter |
| *dahína* | „ | *dahíni-t* | Morgen |

c) Lautet das Wort auf einen Consonanten aus, so wird bei zweiradicaligen der Plural ebenfalls durch Wiederholung des letzten Stammradicals gebildet, jedoch dann zwischen diesem und dem Pluralcharakter ein Vocal eingeschoben und zwar *á*, wenn der Vocal der Stammsilbe kein *a* ist, *ó* oder *ú* aber, wenn der Stammvocal *a* ist; z. B.:

| | | | | | | | | |
|---|---|---|---|---|---|---|---|---|
| *af* | Plur. | *af-óf* | Mund, | aber | *bol* | Plur. | *bol-ál* | Höhe |
| *bar* | „ | *bar-ór* | Nacht | „ | *bus* | „ | *bus-ás* | Vulva |
| *han* | „ | *han-ún* | Milch | „ | *dor* | „ | *dor-ár* | Tränke |
| *kab* | „ | *kab-ób* | Nähe | „ | *dik* | „ | *dik-ák* | Dorf. |

Anmerkung. Die beiden Nomina *lāḥ* Ziege und *ruḥ* Geist bilden im Plural: *á-lāḥ* und *á-ruḥ*, auch *á-ruwaḥ*; ferner *dik* Dorf und *kis* Sack, haben im Plural *dik-á*, *kis-á* neben *dik-ák*, *kis-ás;* s. unten.

d) Vocalisch wie consonantisch auslautende Nennwörter bilden den Plural auch auf *-ā* und *-wā* und zwar auf *-ā* die consonantisch endigenden, auf *-wā* die vocalisch auslautenden Nomina; vor diesem *-wā* wird der auslautende Stammvocal zu *o*, *u* verändert, wenn derselbe ein anderer Vocal als *o*, *u* ist, lautet dieser aber *o* oder *u*, so wird er vor *-wā* zu *ā* verändert; z. B.:

| | | | | | | | |
|---|---|---|---|---|---|---|---|
| *ābír* | Plur. | *ābir-á* | Riese | *éla* | Plur. | *ēlo-wá* | Cisterne |
| *afúr* | „ | *afur-á* | Eidechse | *gála* | „ | *gado-wá* | Thal |
| *faqíh* | „ | *faqih-á* | Lehrer | *gáli* | „ | *galu-wá* | Flügel |
| *igíl* | „ | *igil-á* | Bach | *illo* | „ | *illā-wá* | Korn |

B) Der innere Plural zeigt folgende Fälle:

a) Vocalisch auslautende werfen im Plural den Endvocal des Stammes ab; ist der Vocal der vorletzten Stammsilbe kurz, so wird er im Plural gedehnt; z. B.:

| | | | |
|---|---|---|---|
| *arurá* | Plur. | *árur* | Schlange |
| *bodiná* | „ | *bódin* | Schneidezahn |
| *engiró* | „ | *éngir* | Rinde |
| *galóda* | „ | *gálod* | Messer |
| *habúba* | „ | *hábub* | Pavian |
| *yangúla* | „ | *yángul* | Hyäne. |

b) Ist der Vocal der vorletzten Stammsilbe ein *a* oder *ā*, so verändert sich dasselbe im Plural zu *o* oder *u*; z. B.:

| | | | |
|---|---|---|---|
| *biyakê* | Plur. | *bíyuk* | Wunde |
| *ebaná* | „ | *ébun* | junge Frau |
| *gāsá* | „ | *gos* | Horn |
| *hará* | „ | *hor* | Baum |
| *kabaró* | „ | *kábur* | Trommel |
| *laqayó* | „ | *láqoy* | Silber. |

c) Geht dem auslautenden Singularstamm ein Doppelconsonant voran, so wird im Plural zwischen diese zwei Consonanten ein *a* eingefügt, wenn der dem Doppelconsonanten vorangehende Vocal ein *o* oder *u* ist, wenn aber dem Doppelconsonanten ein anderer Vocal als *a* vorangeht, so wird zwischen diese zwei Consonanten ein *o* oder *u* eingeschoben; z. B.:

| | | | | | | | |
|---|---|---|---|---|---|---|---|
| *borsó* | Plur. | *bóras* | Schamgürtel | *dakḥá* | Plur. | *dóguḥ* | Gritze |
| *dorhó* | „ | *dórah* | Henne | *dibná* | „ | *díbun* | Kinn |
| *kurmá* | „ | *kúram* | Höcker | *etró* | „ | *étor* | Topf |
| *furdá* | „ | *fúrad* | Hafen | *qárse* | „ | *qurús* | Taler |
| *gómbu* | „ | *gomāb* | Jüngling | *kirdá* | „ | *kírud* | Armband. |

d) Dem Stamme nach verschieden ist der Plural folgender Nomina:

| | | | |
|---|---|---|---|
| *báṛā* | Plur. | *rāyló* | Sohn, Knabe |
| *bāṛá* | „ | *sāytó* | Tochter, Mädchen |
| *numá* | „ | *sāyó* | Frau |
| *sagá* | „ | *lā* | Kuh |

e) Consonantisch auslautende Nennwörter verändern ein *ā* vor dem letzten Radical zu *o*, *u*, dagegen *a* zu *i*; *o* und *u* vor dem letzten Radical werden zu *a*; z. B.:

| | | | | | | | |
|---|---|---|---|---|---|---|---|
| *agáb* | Plur. | *ágob* | Sünde | *dambár* | Plur. | *dámbir* | Stirn |
| *anráb* | „ | *ánrob* | Zunge | *farás* | „ | *fáris* | Pferd |
| *bulád* | „ | *búlud* | Feuerstein | *māṛahál* | „ | *māṛáhil* | Pfrieme |
| *diráb* | „ | *dírob* | Lüge | *māṭahán* | „ | *maṭáhin* | Mühlstein |
| *dukán* | „ | *dúkun* | Zelt | *gombód* | „ | *gómbad* | Asche |
| *lubák* | „ | *lúbuk* | Löwe | *gomól* | „ | *gómal* | Baumstamm |
| *mandál* | „ | *mándol* | Nagel | *hotúk* | „ | *hótak* | Stern. |

### 3. *Die Casus.*

A. Das Subject. Die Stellung des Subjects ist vollkommen frei, es kann vor oder nach dem Verbum stehen; z. B. *wilí báṛa yína* oder *yína wilí báṛa* es war (einst) ein Knabe.

B. Der Genitiv steht entweder

a) ohne äusseres Merkmal unmittelbar vor dem regierenden Nennwort, wie *Irob baṛó* das Land der Irob, *Irob wāni* die Irobsprache, *lubāk ṛāyló* die Löwen-Jungen, *haṛā rigid* Fuss des Baumes.

b) Das im Genetiv stehende Wort wird mit dem regierenden Nomen mittelst *-ti* verbunden; z. B. *bár-ti ifó* Licht der Nacht, *laláγ-ti ifó* Tageslicht, *lák-ti hadó* Schenkelfleisch.

Anmerkung 1. Dieses *ti* erscheint auch als *t*; z. B. *baṛā-t ábbā* der Vater des Mädchens, *ábbā-t ábbā* Grossvater, *numá-t baṛá* die Tochter der Frau.

Anmerkung 2. Vor folgendem *s* und *n* assimilirt sich dieses *t* bisweilen an *s* und *n*, z. B. *qády-s saytó* die Töchter des Kadi, *numá-s sāhib* der Freund der Frau, *abbā-n numá* die Gattin des Vaters.

c) der Genetiv wird auch mittelst *-hi* ausgedrückt, z. B. *lā-hi gos* die Hörner der Kühe, *galāytó-hi lāk* der Fuss des Kameels, *gáffa-hi qamís* das Hemd des Knaben, *nugús-hi γári* das Haus des Königs.

Anmerkung. Statt *-hi* wird auch *ha* und *ḥ* angewendet, ebenso blosses *i*, z. B. *nugus-ha γári* und *nugus-i γári* das Haus des Königs, *galāyto-y hadó* Fleisch des Kamels.

d) Häufig wird der Genetiv auch so ausgedrückt, dass das dem Sinne nach abhängige Wort als absoluter Nominativ mittelst des possessiven Pronomens mit dem regierenden Nennwort verbunden wird, z. B. *ay hiyāwti kāy ábbā yina* dieser Mann sein Vater lebte = der Vater dieses Mannes lebte.

C. Der Dativ wird meist mittelst *-ak* nach consonantisch auslautenden Nennwörtern, *-k* nach vocalisch endigenden Nomina ausgedrückt, z. B. *farás-ak illó ohóya* ich gab dem Pferde Korn. *ábbā-k foló tohóya* sie gab dem Vater Brot.

Anmerkung. Wenn mit dem Dativ kein Accusativ verbunden ist, so erscheint auch der Dativ ohne äusseres Merkmal; z. B. *ábbā ohó* gib (es) dem Vater!

D. Der Accusativ zeigt keine äussern Merkmale, in der Regel steht er unmittelbar vor dem Verbum, *dikil āy hiyāwá moróhisa* er führte diese Männer ins Dorf. Nur wenn Dativ und Accusativ in einem Satze zusammentreffen und der Wortkörper des Dativs dem des Accusativs an Umfang nachsteht, geht der Accusativ dem Dativ voran; z. B. *foló yo ohó* gib mir Brot! *girāyto ábbā-k baḥ* bringe Feuer dem Vater! dagegen: *Abdalla-k foló ohóya* ich gab dem Abdallah Brot.

E. Der Vocativ hat in der Regel ebenfalls kein äusseres Merkmal, z. B. *y' ábbā* o mein Vater! *ábbā amó* komm' o Vater! doch findet sich bei vielen Nominibus im Vocativ ein Suffix *-u*, z. B. *y saγalá-u amó* komm' o meine Schwester! ebenso: *bárā-u* o Sohn! *bārá-u* o Tochter! *ábbā-u* o Vater! *lubák-u* o du Löwe!

F. Die Richtung nach einem Ort oder Gegenstand wird mittelst der Postposition *-d* oder *-l* (gleichbedeutend im Gebrauche) ausgedrückt: *-d*, *-l* werden gebraucht, wenn das Nennwort auf einen Vocal auslautet, als: *γári-d*, *γári-l* ins Haus hinein, nach dem Hause zu. Lautet aber das Nennwort auf einen Consonanten aus, so wird ein Bindevocal eingeschoben, der mit dem Vocal der vorangehenden Silbe übereinstimmt; z. B. *arāt-āl* oder *ārāt-ād* zum Bette hin, *nugús-ul* zum König hin, *gombód-od* in die Asche hinein, *dík-id*, *dík-il* zum Dorfe hin.

Anmerkung. Wenn die Partikel *-lan* also nun auf diese Postposition unmittelbar folgt, so lautet dann diese letztere *-lā* statt *-d*, *-l*, als: *kāy-lā-lan* zu ihm also, *dik-lā-lan* nun hin zum Dorfe.

G. Die Gesellschaft wird durch *-li* ausgedrückt; z. B. *yó-li ṛin* schlaf' mit mir! *anú sín-li wāníso* ich möchte mit euch reden, *farás-li yámata* er kam mit dem Pferde.

H. Die Richtung von einem Gegenstande oder Orte her wird mittelst *-ko* ausgedrückt; z. B. *atú aula-ko tamáta* woher kommst du? *anú Mandár-ko ámata* ich kam von Arqiqo, *anú kumál-ko mā-bētiniyó* ich habe seit gestern nichts gegessen.

I. Das Verharren an einem Orte wird ebenfalls mittelst *-d* oder *-l* bezeichnet, als *anú Unkúllu-l dāfāya-k āna* ich wohne in Mukullu, dagegen *Unkúllu-l ādáwo* ich möchte nach Mukullu gehen. Der Sinn des Verbums zeigt hier wie in andern Fällen an, ob *-d* oder *-l* in der Bedeutung: nach, zu oder als: in aufzufassen sei.

## Das Adjectiv.

Sämmtliche Adjectiva sind eigentlich nur Participia, deren Ableitung von der Verbalwurzel bereits oben behandelt worden ist. Die Verbindung mit dem Nennworte ist eine zweifache: entweder werden sie dem Nennworte vorangestellt, wie *ilís ṛā* ein schwerer Stein (*ilís* von *alasa* schwer sein) oder sie werden dem Nennworte nachgesetzt und mit *-yā* (gen. comm.) oder *-tí-yā*, fem. *-t-yā*, Plur. *-márā* verbunden, z. B. *ṛā ilis-yā* ein schwerer Stein = Stein schwer seiend welcher; *dulús hiyāwti* oder *hiyāwti dulús-yā*, *hiyāwti dulus-tíyā* ein fetter Mann, *dulús numá* oder *numá dulus-yá*, — *dulus-t-yá* eine fette Frau.

Geht das Adjectiv dem Nennwort voran, so bleibt es im Singular wie Plural unverändert; als: *dulús hiyāwā* fette Männer, *dulús sāytó* fette Frauen; wird das Adjectiv dem Nennworte nachgesetzt, so erhält es das Suffix *-márā*, als: *sāytó dulus-márā* fette Frauen u. s. w.

*Steigerung des Adjectivs.*

Der Comparativ wird durch die Postposition *-ko* ausgedrückt, welche dem verglichenen Nennworte, das stets die erste Stelle im Satze einnimmt, nachgesetzt wird, z. B. *Abrāhim yári-ko ku yári mayē kiní* dein Haus ist schöner als das Abrahams. *yo-ko atú rohós kitó* du bist reicher als ich. *Irob bāṛó-ko Hamasēn rohós bāṛó kiní* Hamasien ist ein reicheres Land als das der Irob. *kú-ko numá ayá mayētyá bétā* ich werde eine Frau heiraten, welche dem Antlitze nach schöner ist, als du.

Der Superlativ wird ausgedrückt, indem dem verglichenen Nennworte *umbí* (Saho *umbaká*) jeder vorangestellt wird; das verglichene Nennwort steht sowohl im Singular als auch im Plural; z. B. *umbí díki-ko y dik rohós kiní* mein Dorf (Heimat) ist reicher als alle Dörfer = mein Heimatsdorf ist das reichste von allen. *dik-ti umbí numá-ko* (oder *sāytó-ko*) *ku numá mayē kiní* deine Frau ist die schönste des Dorfes. *umbí Sāhó-ko Írob yubus-márā kinón* die Irob sind die ärmsten unter allen Saho.

## Das Pronomen.

### I. Das Personalpronomen.

1) Für den Nominativ lauten die Formen also:

| | |
|---|---|
| *anú* ich | *nānú* wir |
| *atú* du | *átin* ihr |
| *ússuk* er | *ússun* sie |
| *íssi* sie | |

2) Die abhängigen Casus werden also bezeichnet:

| | | | | |
|---|---|---|---|---|
| *y* (S. *yi*) | mein, *yo*, *yoyā* mir | oder | mich | (auch so vor Postpos.) |
| *ku* | dein, *ku*, *kuyā* dir | „ | dich | „ |
| *kāy* | sein, *kāy*, *kāyā* ihm | „ | ihn | „ |
| *tay* | ihr, *tay*, *tayā* ihr | „ | sie | „ |
| *na*, *ni* | unser, *no*, *noyā* uns | | | „ |
| *sin*, *sinní* | euer, *sinā* euch | | | „ |
| *tan*, | ihr, *tanā* ihnen, sie | | | „ |

Die Formen für den Genetiv werden den Nennwörtern vorgesetzt, z. B. *ku sāyál-ko y sāyál hāyla-li kiní* mein Bruder ist stärker (mit Kraft) als deiner.

Anstatt *ku*, *kāy* und *tay* sagt man auch *isí* und für *tan* auch *siní*, wenn das possessive Pronomen mit dem Subject der

Person nach übereinstimmt; z. B. *atú isí sāγál m-āgdafín* tödte nicht deinen eigenen Bruder! *nugús isí hiyāwā-l yámata* der König kam zu seinen eigenen Leuten. *hiyāwā siní dík-il óroban* die Männer kehrten heim in ihr Dorf. Für: mein eigen, unser eigen sagt man auch *hinní* und *niní*, als: *hinní ínā-l ámata* ich kam zu meiner eigenen Mutter. *niní sāγól-ul oróbno* wir wollen zu unsern eigenen Brüdern heimkehren.

## II. Die Demonstrativa.

1) *ā, ay* dieser (gen. comm.), *ā-tí-yā* (m.), *á-t-yā* (fem.), Pl. *ā-mārā*
2) *tā, tāy* dieser (gen. c.), *tā-, tāy-tíyā* (m.), *tā-, tāy-tyā* (f.), Pl. *-mārā*
3) *ammā, ammāy* dieser (gen. comm.), *ammā-tíyā* u. s. w.
4) *tāmmā, tāhammā, tāhammāy* dieser (gen. comm.) u. s. w.
5) *o, wo* jener (gen. comm.), *o-tíyā* u. s. w.
6) *to, toy* jener (gen. comm.), *to-tíyā* u. s. w.
7) *tommā, tommāy* jener (gen. comm.), *tommātíyā* u. s. w.

Beispiele: *atú āy numá tigdífa* hast du diese Frau getödtet? *tāy hiyáwto sóla-k tána, tāytíyā y sāγál kiní* kennst du denn diesen Mann da nicht? dieser ist ja mein Bruder. *tāhammātíyā nābāγónā, totíyā nāsdāwónā radánto no-k mā-γahínā* sagte uns der Häuptling nicht, dass wir diesen da binden, jenen aber laufen lassen sollten?

Anmerkung. Vor Postpositionen *-d, -l, -li* wird das Demonstrativ *āy* zu *ē* verändert: z. B. *tāy ē-l nána bāγó ni bāγó mā-ki* dieses Land, in welchem wir uns befinden, ist nicht unser Land. Vor der Dativendung *-k* lautet es *ă = ak* und dient in dieser Form auch für den Dativ des persönlichen Pronomens im Singular, bisweilen auch statt *tan-ak* (Plur.); als: *ak yáreḥa* er sprach zu ihm.

## III. Das Interrogativ.

*a* wer? was? auch *a-tíyā*, fem. *á-tyā*, Plur. *a-mārā*.

Beispiele. *a labahāyto yamatá-ti* wer ist der Mann, der gekommen ist? *totíyā a hiyāwto* wer ist jener Mann? *tótyā a numá* wer ist jene Frau? *tāymārā ā hiyáwā* wer sind diese Männer? *atú a-tíyā* wer bist du? *atú a ábtā* was machst du? *taγeḥá-m qāl a qāl* was ist das für ein Wort, das du ausgesprochen hast? *tāy bāró-l a ábto tamáta* weshalb kamst du in dieses Land (= um was zu tun kamst u. s. w.).

### IV. Das Relativ.

1) Die einfachste Art, das Relativ auszudrücken, besteht darin, dass man den Relativsatz dem regierenden voranstellt; z. B. *isí dík-il ráyeta tína bārá bísita* er raubte das Mädchen, welches in seinem Dorfe zurückgeblieben war.

2) Wird der Relativsatz dem regierenden nachgestellt, so tritt an das Verb des Relativsatzes die Partikel *-yā* oder *-m*; als: *bārá bísita isí díkil ráyeta tína-yā* oder *tína-m*.

## Das Numerale.

### I. Die Grundzahlen.

| | | | |
|---|---|---|---|
| 1 | *eník* (S. *iník*) | 11 | *enikán ka támmān* |
| 2 | *lāmmá* | 12 | *lāmmán* „ „ |
| 3 | *ādóḥ* | 13 | *ādoḥán* „ „ |
| 4 | *āfár* | 20 | *lāmmá tánnā* |
| 5 | *kōn* | 21 | *lāmmá tánnā ka eník* |
| 6 | *laḥ* | 22 | „ „ „ *lāmmá* |
| 7 | *maleḥán* | 30 | *sāzzām* |
| 8 | *bāḥár* | 31 | „ *ka eník* |
| 9 | *sāgál* | 32 | „ „ *lāmmá* |
| 10 | *támmān* | 40 | *maro-tóm* |
| 50 | *kon tóm* | 100 | *bol* |
| 60 | *lahá tom* | 200 | *lāmmá bol* |
| 70 | *maleḥán tómmān* | 1000 | *siχ* |
| 80 | *bāhár* „ | 10000 | *alf* |
| 90 | *sāgál* „ | 20000 | *lāmmá alf.* |

### II. Die Ordnungszahlen.

Für den Ausdruck erster wird *arár* gebraucht, von 2 bis einschliessend 5 wird den Grundzahlen *mā-* vorgesetzt, von 6 an aber werden die übrigen Ordinalia gebildet, indem man den Grundzahlen *-yā* nachstellt; als:

| | |
|---|---|
| 1. *arár* | 6. *laḥ-yā* |
| 2. *mā-lámmā* | 7. *maleḥan-yā* |
| 3. *m-ādāhā* | 8. *bāḥār-yā* |
| 4. *m-āfārā* | 20. *lāmmā tānnā-yā* |
| 5. *mā-kāwān* | u. s. w. |

### III. Die Vervielfältigungszahlen.

Die Multiplicativa werden gebildet, indem man den Grundzahlen das Wort *gul* Zeit (S. *gēd*) nachsetzt; statt *eník* erscheint aber dann *inkí*, als: *inkí gul* ein Mal, die folgenden Grundzahlen zeigen im Auslaut *-ā*, als: *adohá gul*, *koná gul*, *laḥá gul* u. s. w.

## Conjunctionen.

1) Die Bindepartikel lautet *ka* und, als: *Josíf ka Tomás yamatín* Josef und Thomas sind angekommen.

2) Die Trennungspartikel lautet *-la*, z. B.: *anú garayēna mā-kiyó, atú-la kitó* ich bin kein Dieb, aber du bist einer. *islám-ti γári-l mā-orobín, kistán-ti γarí-l-la oról* kehre nicht ein in das Haus eines Mohammedaners, sondern in das eines Christen!

## Partikeln.

1) *-gul* drückt die Gleichzeitigkeit aus, z. B.: *γiná-gul mā-wānisínā* während ich schlafe, sollt ihr nicht plaudern. *y numā maryęsíta-gul anú gúffā ki ína* als ich meine Frau heiratete, war ich noch ein Jüngling.

2) *sārā* (Ende) entspricht in Temporalsätzen unserem nachdem, z. B.: *y ábbā rāba sārá* (auch *sārá-l*) *y dik hába* nachdem mein Vater gestorben war, verliess ich meine Heimat. *γári hábta sārá-l iná támata* nachdem du das Haus verlassen hattest, kam die Mutter.

Anmerkung. Das dem *sārā* vorangehende Verb kann auch mit *-k* verbunden werden, als: *rāba-k sārā* nachdem er gestorben war, *hābta-k sārā* nachdem du verlassen hattest u. s. w.

Eleazar von
*Alẹazár γilóh.*

Mariens Dorf seiend Betania zu Namen den Eleazar ihm
*1. Māryá bāṛó kin Bitanyá-l miyáγa-h Alẹazár ak*
sie sagen, der krank war ein Mann er war. ihre Schwester aber (war)
*yán lāḥúta ẹnkí hiyāwetí yína. tay sāγẹlá-la*
Marta.
*Mārtá.*

Maria aber unsern Herrn Salben (mit) gesalbt hat welche sie war,
*2. Māryá-la ni mādárā-ḥ miγúra túskuta tiyá kiní,*
seine Füsse aber (ihrer) Person von Haaren mit sie trocknete. ihr Bruder
*kāy ibá-lan ṛágẹ-ḥa dāgārá-h tídriza. tay sāγál-*
nun Eleazar war.
*lan Alẹazár kíni.*

Seine Schwestern (zu) Jesus Nachricht die: unser Herr! jetzt
*3. Káy sāγól Yasús ṛāgá-ḥ: ‚ni mādárā! kádo*
den du liebst derjenige er ist krank welche sagten sie schickten.
*kihíntā-tíyi lāhútā yāna' yaní-h fāríman.*

Jesus nun da er hörte: diese Krankheit Gottes Ruhmes
*4. Yasús-lan yobá-h: ‚tāy dālká Fugí mosá-ḥ*
Ursache aus, Gottes Sohn um ihn durch dass er geehrt werde es ist da (weil),
*γiló-ḥ, Fugi bāṛí-lan kāy γilóḥ mosāysímo kiní-kā-h,*
Tod zu [nicht ist'] er sagte.
*rābá-h [má-ki'] yáṛẹḥa.*

አልአዛር ፡ ዒሎሀ ።

፩ ማርያ ፡ ባሮ ፡ ኪን ፡ ቢታንያል ፡ ሚጋዐሀ ፡ አልአዛር ፡ አክያን ፡ ላሑተ ፡ እንኪ ፡ ሒያወቲ ፡ ዩና ። ተይሳዕላለ ፡ ማርታ ።

፪ ማርያለ ፡ ኒማዳራሕ ፡ ሚዑረ ፡ ቱስኩተ ፡ ቲያ ፡ ኪኒ ። ካይባለን ፡ ረግሐ ፡ ዳጋራሕ ፡ ቲድሪዘ ። ተይሳዐለን ፡ ላሑታ ፡ አልአዛር ፡ ኪኒ ።

፫ ካይሳዖል ፡ የሱስ ፡ ረጋሕ ፡ ኒማዳራ ፡ ካዶ ፡ ኪሂንታቲዪ ፡ ላሑታያነ ፡ ያኒሀ ፡ ፋሪመን ።

፬ የሱስለን ፡ ዮበሀ ፡ ታይዳልካ ፡ ፉጊ ፡ ሞሳሕ ፡ ዒሎሕ ፡ ፉጊ ፡ ባረለን ፡ ካይዒሎሕ ፡ ሞሳይሲሞ ፡ ኪኒካሀ ፡ ራባሕ ፡ የረኻ ።

Jesus aber die Maria und ihre Schwester Marta (und) Eleazar
5. *Yasús-la Māryā-ka tay sāyẹlá Mārtá Alẹazár*

er liebend war.
*kihíni-yĭna.*

er erkrankte dass er hörte als an welchem er war Ort am zwei
6. *Lāhúta-h yóba-gul ēl-yĭná bāṛó-l lāmmá*

Tage er blieb.
*laláγ difíya.*

Diesen von Ende am seinen Jüngern zu wiederum Juden
7. *Tāḥammí-h sārá-ḥ isí dārás-āk: ‚láyal Yĭhúdā*

Land nach wir wollen ziehen ihnen zu er sagte.
*bāṛó-l nādáwoy!‘ tán-āk yá.*

Seine Jünger nun Herr! jetzt die Juden dich
8. *Kāy dārāsá-lan: ‚mādárā! kádo Ayhúd ku-*

dass sie steinigen suchend nicht sie sind? wiederum diese Gegend in
*sābāγónā gúrāy-mí-yānini-ho? láyal am-ulá-l*

Gehen im du bist? zu ihm sie sagten.
*adíyi-k-tána? ak yán.*

Jesus nun Tag des Stunden von zwei und Zehnheit
9. *Yasús-lan: ‚lalaγ-tí sāγá-t lāmmán-ka- támmān*

nicht ist? er sagte (bei) Tag welcher geht der Mann dieser
*má-kā-ho?‘ yáṛẹḥa; ‚laláγ yádiya hiyawtí, tāy*

Welt von Licht sehend er ist weil. nicht er stosst sich an.
*ēduniyá-h ifó ábẹli-yána-hi mā-'ndāfítā.*

፭ የሱስለ ፡ ማርያከ ፡ ተይሳዕላ ፡ ማርታ ፡ አልአዛር ፡ ኪሒኒይነ ፡

፮ ላሑተሀ ፡ ዮበጉል ፡ ኤልይነ ፡ ባሮል ፡ ላማ ፡ ለለዐ ፡ ዲፊየ ፡

፯ ታሐሚሀ ፡ ሳራሕ ፡ ኢሲ ፡ ዳራሳከ ፡ ለየል ፡ ይሁዳ ፡ ባሮል ፡ ናዳዎይ ፡ ተናከየ ።

፰ ከይዳራሳለን ፡ ማዳራ ፡ ካዶ ፡ አይሁድ ፡ ኩሳባዮና ፡ ጉራይሚያኒኒሆ ፡ ለየል ፡ አሙላል ፡ አዲዪክታነ ፡ አከየን ።

፱ የሱስለን ፡ ለለዕቲ ፡ ሳዐት ፡ ላማንከታማን ፡ ማካሆ ፡ የሬሐ ። ለለዕ ፡ ያዲየ ፡ ሒያውቲ ፡ ታይ ፡ ኤዱኒያሀ ፡ ኢፎ ፡ አብሊያነሂ ፡ ማንዳፊታ ።

Dieser in das er sieht Licht nicht hat er weil, Nachts
10. *Tāmmá-l yábḙla ifó má-la-hi, bār*

(welcher) er geht dieser nun er stosst sich an.
*yádiya, tí-lan andāfítā.*

Seinen Jüngern zu also ihnen zu er sprach. Diesem von
11. *Isí darūsá-k tāḥám tán-āk yá. tāhammí-h*

Ende nach Eleazar unser Freund er ist eingeschlafen
*sārá-h: ‚Alḙazár, ni sáḥib ṛína,*

ihn dass ich aufstehen lasse nun dass ich gehe ich bin
*ka- wḙgúso- lan adáwo kiyó'*

ihnen zu er sprach.
*tán-āk yá.*

Seine Jünger nun o Herr! er schläft wenn also
12. *Kāy dārāsá-lan: ‚mādárā! ṛínā-do-lan,*

er wird gesund werden, er wird aufstehen nun ihm zu sie sagten.
*ʻafiyátā ogútā- lan' ak yán.*

Jesus nun sein Tod von Schlaf von Moment über
13. *Iyasús-lan kāy rābí-h ṛin-tí māh ʻilóh*

er redete sie aber Schlaf von Moment über ihnen zu er spräche dass
*yárḙḥa; íssin-la ṛin-tí-māh ʻilóh tán-āk yá-m*

sie meinten.
*yákalan.*

Diesem von Ende am Jesus er offenbarte indem Eleazar
14. *Tāhammí-h sārá-h Iyasús ʻádosa-h: ‚Alḙazár*

er ist gestorben ihnen zu er sagte.
*rába' tán-āk yá.*

፲ ታማል ፡ ያብሊጮ ፡ ማለሂ ፡ ባር ፡ ያዲየ ፡ ቲለን ፡ አንዳፌታ ።

፲ወ፩ ኢሲዳራሳክ ፡ ታሐም ፡ ተናክየ ። ታሐሚህ ፡ ሳራህ ፡ አልአዛር ፡ ኒሳሒብ ፡ ሪን ፡ ከወጉሶለን ፡ አዳዎኪዮ ፡ ተናክየ ።

፲ወ፪ ካይዳራሳለን ፡ ማዳራ ፡ ሪናዶለን ፡ ዐፊያታ ፡ ኦጉታለን ፡ አክየን ።

፲ወ፫ ኢያሱስለን ፡ ካይራቢህ ፡ ሪንቲማህ ፡ ዒሎህ ፡ የርጘ ። ኢሲንለ ፡ ሪንቲማ ፡ ዒሎህ ፡ ተናክየም ፡ የከለን ።

፲ወ፬ ታሐሚህ ፡ ሳራህ ፡ ኢያሱስ ፡ ዐዶሰህ ፡ አልአዛር ፡ ራብ ፡ ተናክየ ።

Auf dass ihr glaubet dort nicht war ich weil ich nun neuer
15. *Tāmānónā tām'-ūlá m-iní-yo-hu, anú-lan sin*

wegen Freude in ich bin ihm zu nun wir wollen gehen!
*γilóh afizihú-k ána; kāy-lá-lan nādáwoy!"*

Didimos ihn (den) man nennt Thomas aber dessen Gesellschaft seiend
16. *Didímos āk yán Tomás-la isí dobá kin*

Jüngern zu wir nun ihm mit dass wir sterben auf wir wollen gehen!
*dārāsá-k: „nāná-lan kāy-lih rábeno-k nādáwoy!"*

ihnen zu er sagte.
*tán-āk yá.*

Jesus Bitaniya von Gegend nach er ging diese Gegend
17. *Yasús Bitānyá-t-ulá-l yádaya. tāmm' ūlá*

er hat erreicht da er wurde begraben dass seit vier Tage er war vergangen
*gufá-h yumuγugá-m-ko afārá laláγ báka-tí-yā*

waren es dass ihn er fand
*yaká-h kāy gáya.*

Bitania nun Jerusalem von entfernt ist fünf und
18. *Bitānyá-lan Iyarusālém-ko ŗáyaŗ kiní konám-ka-*

zehn-heit Meilen von es beträgt.
*támmān mi'ŗrāfi-yā táka.*

Juden von viele deren Bruder's wegen
19. *Ayhúd-ko māngóm tan sāγalí-h γilóh*

sie damit sie trösteten Maria und Marta von Ort nach
*tan waγŗsisónā Māryá ka Mārtá-t-ulá-l*

gegangen waren.
*adí yínin.*

፲ወ፭ ታማኖና ፡ ታሙላ ፡ ሚኒዮሁ ፡ አኑለን ፡ ሲንዒሎህ ፡
አፊሚሁክን ፡ ካይላለን ፡ ናዳዎይ ።

፲ወ፮ ዲዲሞስ ፡ አክያን ፡ ቶማስለ ፡ ኢሲዶባኪን ፡ ዳራሳክ ፡
ናኑለን ፡ ካያሊህ ፡ ራብኖክ ፡ ናዳዎይ ፡ ተናክየ ።

፲ወ፯ የሱስ ፡ ቢታንያ ፡ ቱላል ፡ ያዳየ ። ታሙላ ፡ ጉፊህ ፡ ዩሙ
ዑግምክ ፡ አፋራ ፡ ለለዕ ፡ ባክቲያ ፡ የክህ ፡ ካይ ፡ ገየ ።

፲ወ፰ ቢታንያለን ፡ ኢየሩሳሌምክ ፡ ፘየሯ ፡ ኪኒ ፡ ኮናምክ ፡ ታ
ማን ፡ ሚእራፊያ ፡ ታክ ።

፲ወ፱ አይሁድክ ፡ ማንጎም ፡ ተንሳዐሊህ ፡ ዒሎህ ፡ ተንወዕሲ
ሶና ፡ ማርያክ ፡ ማርታቱላል ፡ አዲዩኒን ።

Marta Jesus er ist gekommen dass sie hörte als sie ging aus
20. *Mārtá Yasús yamatá-m tóba-gul, tawęγē-h,*

ihm zu sie ging entgegen, Maria aber Hause im zurückbleibend
*ák-āh gāráyta, Māryá-lan γára-d difaytáh*

sie war.
*tína.*

Marta aber Jesus zu mein Herr! hier du wärst gewesen wenn
21. *Mārtá-la Iyasús-uk: ‚y mādárā! tā-l tāniyá-do,*

mein Bruder den Tod nicht er wäre entschlafen zu ihm sie sagte.
*y sāγál rābá mā-γāγínā‘ ak tá.*

Jetzt aber Gott du gebeten was Gott dir zu er wird geben dass
22. *‚Kádo-la Fúgo γāγimtá-h, Fugí ko-h- yāḥayá-m*

ich weiss.
*áγiga.‘*

Jesus aber dein Bruder wird aufstehen zu ihr er sagte.
23. *Iyasús-la: ‚ku sāγál ugútā‘ ak yá.*

Marta nun letztem Tage die Verstorbenen
24. *Mārtá-lan: ‚sārá laláγ, rābóytit*

sie werden auferstehen wenn er wird auferstehen dass ich weiss.
*ugúttā- gul, ugútā- m áγiga.‘*

Jesus nun ich bin's an mich er glaubt der welcher
25. *Yasús-lan: ‚anú kiyó, yóyā yāmína- tí-yi,*

er stirbt wenn. er wird genesen, o Marta!
*rābá-do, urá Mārtá!‘*

፳ ማርታ ፡ የሱስ ፡ የመተም ፡ ቶበጉል ፡ ተውጔሀ ፡ አከሀ ፡ ጋራይተ ፡ ማርያለን ፡ ሀረድ ፡ ዲፈይተሀ ፡ ቲነ ።

፳ወ፩ ማርታለ ፡ ኢየሱሱክ ፡ ይማዳራ ፡ ታል ፡ ታኒየዶ ፡ ይሳሀል ፡ ራበ ፡ ማሯሯና ፡ አከተ ።

፳ወ፪ ካዶለ ፡ ፉጎ ፡ ሯጚምተሀ ፡ ፉጊ ፡ ከሀያሐየም ፡ አሯገ ።

፳ወ፫ ኢየሱስለ ፡ ኩሳዐል ፡ ኡጉታ ፡ አከየ ።

፳ወ፬ ማርታለን ፡ ሳራ ፡ ለለዐ ፡ ራበይቲት ፡ ኡጉታጉል ፡ ኡጉታም ፡ አሯገ ።

፳ወ፭ የሱስለን ፡ አኑ ፡ ኪዮ ፡ ዮያ ፡ ያሚነቲዩ ፡ ራበዶ ፡ ኡራ ፡ ማርታ ።

an mich sie glauben welche alle ewige Zeit für
26. ,Yóyā tāmína-m ' umbíh, ummán-gul-úh

nicht sie werden sterben. Dieses glaubst du?
mā-rábān. tāhám tāmína?'

Du Welt in (welcher) kommt Gottes Sohn seiend
27. ,Atú ēdoniyá-l yāmíta Fugí báṛā kin

Christus du bist dass ich o mein Herr! ich glaube zu ihm
Krestós kitó-m yó wo yĭ mādárā! anú amína' ak

sie sagte.
tá.

Dieses sie hatte gesagt als ging sie ihre Schwester welche ist
28. Tāhám taṛḳhá-h tádaya, isí sāγ̣ḳlá kin

Maria heimlich sie rief auf! du! unser Lehrer er ist gekommen
Māryá γindākíh dáγ̣ta: ,aháy ko! ni māmhír yámata,

dich ersehnend er ist zu ihr sie sagte.
ku daγáyla yána' ak tá.

Sie hatte gehört als schnell sie stand auf ihm zu nun
29. Tóba-gul ṛah ugútta, kāy-lá-lan

sie ging.
tádaya.

Marta ihm zu gekommen war Orte am er war noch weil
30. Mārtá ē-l gāráyta sifrá-l yĭná- kāh

noch nicht Haus in Eintritt nicht machend er war.
ganá γára-d sāy-náha-h yína.

፳ወ፮ ዮያ ፡ ታሚነም ፡ ኡምቢህ ፡ ኡማንጉሉህ ፡ ማራባን ። ታሀም ፡ ታሚነ ።

፳ወ፯ አቱ ፡ ኤዶኒያል ፡ ያሚተ ፡ ፉጊ ፡ ባሯኪን ፡ ክርስቶስ ፡ ኪቶም ፡ ዮ ፡ ዎ ፡ ዪማዳራ ፡ አኑ ፡ አሚነ ፡ አክተ ።

፳ወ፰ ታሀም ፡ ተርኽህ ፡ ተደየ ። ኢሲሳዕላ ፡ ኪን ፡ ማርያ ፡ ዒንዳኪህ ፡ ደዐተ ። አሀይኮ ፡ ኒማምሂር ፡ የመተ ፡ ኩደዐይለ ፡ ያነ ፡ አክተ ።

፳ወ፱ ቶበጉል ፡ ሯህ ፡ ኡጉተ ፡ ካይላለን ፡ ተደየ ።

፴ መርታ ፡ ኤል ፡ ጋራይተ ፡ ሲፍራል ፡ ይነካህ ፡ ገና ፡ ዐረድ ፡ ሳይናሐህ ፡ ይነ ፡

Hause im ihr bei (welche) waren sie (eam) tröstend
31. *Γára-d ta-líh yinín tay wayẹsisā*

(welche) waren die Juden schnell sie standen auf sie ging weg dass
*yinín Ayhúd rah ugútan táwẹyē-h*

dieselbe sie sahen als ihr nach sie folgten, diesem zu ihn dass sie beweine
*ta- yubẹlín-gul, tá-d yandabarín, tāmmá-l akāh wáyẹto*

seinem Grabe zu sie gehe dass meinend sie waren.
*kāy māyagá-l tādíya-m yakalamí yinin.*

Maria Jesu zu sie kam Zeit in ihn sie erblickte seine
32. *Māryá Isús-ul gúfta-gúl-lu, kāy túbẹla, kāy*

Füsse von Unterteil zu aber vor ihm sie fiel nieder mein Herr!
*ibí-h gubá-l-la akāh tísgida: ,y mādárā!*

hier du wärest gewesen wenn mein Bruder den Tod
*tā-l tāniyá- do, y sāyál rābá*

nicht er wäre nicht entschlafen zu ihm sie sagte.
*mā- rāṛínā' ak tárẹha.*

Jesus Weinen im dieselbe er sah als ihr mit
33. *Yasús wáya-k ta yubẹlá-gul, ta-líh*

(die) gekommen waren die Juden also Weinen im dieselben er sah
*yamatín Ayhúd-lan wáya-k tan yúbẹla-*

Zeit in seiner Seele von er weinte, seinem Gemüthe in nun
*gúl-lu, isí mānfasá-h wáy-yárẹha, isí rágẹ-h-lan*

er wurde erregt.
*ragánrāga.*

፴ወ፩ ዐረድ ፡ ተሊሀ ፡ ይኒን ፡ ተይወዕሲሳይኒን ፡ አይሁድ ፡ ኸሀ ፡ ኡጉተን ። ተውዔሀ ፡ ተዩብሊንጉሉ ፡ ተድየንደበሯን ። ታማል ፡ አካሀ ፡ ወዕቶ ፡ ካይማየጋል ፡ ተዲየም ፡ የከለኒሀ ፡ ይኒን ።

፴ወ፪ ማርያ ፡ ኢሱሱል ፡ ጉፍተጉሉ ፡ ካይቱብለ ። ካይቢሀ ፡ ጉባልለ ፡ አካሀቲስጊደ ። ይማዳራ ፡ ታል ፡ ታኒየዶ ፡ ይሳዐል ፡ ራበ ፡ ማሯሯና ፡ አክተሯኸ ፡

፴ወ፫ የሱስ ፡ ወዐከ ፡ ተዩብለጉል ፡ ተሊሀ ፡ የመቲን ፡ አይሁድ ለን ፡ ወዐከ ፡ ተንዩብለጉሉ ፡ ኢሲ ፡ ማንፋሳሀ ፡ ዋዕ ፡ የሯኸ ። ኢሲረግ ሐለን ፡ ረጋንረገ ።

welchem Orte an ihr habt begraben? sagte er. Herr!
34. ,*A rĭká-l toγógin?*' *yáręḥa*; ,*mādārā!*

dass du sehest auf komm! zu ihm sie sagten.
*tábęlo-k amó!*' *ak yán.*

Jesus nun weinte.
35. *Iyasús-lan wáyē.*

Die Juden nun sehet! wie sehr ihn er liebt
36. *Ayhúd-lan:* ,*ubúlā! aydā kāy kihínā!*'

sagten sie.
*yáręḥin.*

Einige ihnen von Auge nicht Besitz des Habenden Auge
37. *Laya tán-ko:* ,*ęntí mā-lo-lí intí*

(welcher) öffnete dieser da dieser da nun ihm er nicht sterbe dass
*fáka tāytíyi, tāytíyā-lan akáh rāba-wākāh*

er mache Macht von nicht ist? sprechend sie waren.
*ábo ríγa-k mā-nā-'a?*' *yánā-mári yĭnin.*

Wiederum Jesus seinem Herzen in wurde traurig seinem
38. *Láyal Iyasús isí afγadó-ḥ yĭtíkiza, kāy*

Grabe zu er ging eine Gruft nun war es seinem Kopfe auf ein Stein
*māγaγá-l yádaγa. boló-lan tína, kāy amó-l ríyi*

als Verschluss angebracht war.
*alęfíma-h yína.*

፴ወ፬ አርከል ፡ ቶዖጊን ፡ የሯኸ ። ማዳራ ፡ ታብሎክ ፡ አሞ ፡
አክየን ፡

፴ወ፭ ኢየሱስለን ፡ ወዔ ።

፴ወ፮ አይሁድለን ፡ ኡቡላ ፡ አይዳ ፡ ካይኪሂና ፡ የሯሒን ።

፴ወ፯ ለየተንኮ ፡ እንቲ ፡ ማሎሊ ፡ ኢንቲ ፡ ፋከ ፡ ታይቲዪ ፡
ታይቲያለን ፡ አካህ ፡ ራበዋካህ ፡ አቦ ፡ ሯዐክ ፡ ማናአ ፡ ያናማሪ ፡
ይኒን ።

፴ወ፰ ለየል ፡ ኢየሱስ ፡ ኢሲ ፡ አፍዐዶሕ ፡ ይቲኪዘ ። ካይማዐ
ጋል ፡ የዳየ ፡ ቦሎለን ፡ ቲና ። ካይአሞል ፡ ሯዪ ፡ አልፊመህ ፡
ዪና ።

Jesus aber den Stein nun hebt weg! ihnen zu er sagte.
*39. Yasús-la: ‚rá-lan esgayḗdāá!ʻ tán-āk yá.*

dem Verstorbenen von die Schwester Marta mein Herr! heute
*rābotíyī-h sāyẹlá Mārtá: ,y mādárā! kāfí*

der vierte (Tag) geworden ist da Verwesung von Geruch von er ist
*māfárā yáka kiní-hi, abāsá-h urayá-h kiníʻ*

zu ihm sie sagte.
*ak tá.*

Jesus aber Gottes Glorie dass du sehen sollst du glaubst wenn
*40. Yasús-la: ‚Fugí mosá tábẹlo tāmína-do,*

die zu nicht sagte ich? zu ihr er sagte.
*ko-k m'-iní-yo-ho?ʻ ak yá.*

den Stein nun sie hoben weg Jesus aber seine Augen Höhe in
*41. Ṛá-lan yasgáyēdin. Yasús-la is' íntit agánnā-l*

er erhob Vater! mich erhört habend du bist weil dir dankend ich bin
*ugúsa: ‚ábbā! y tóba-h tāna-hí, ku mosāysitā-k-ánaʻ*

er sagte.
*yáṛẹha.*

ich zwar alle Zeit mich du hörst dass ich weiss
*42. ‚Anú-lan ummán-gul y tába-m áṛiga;*

jetzt aber du mich du hast geschickt dass des Volkes wegen dass sie glauben
*kádo-la atú y ṛiṛiytá-m bālí-h yāmānóna*

Unwissenheit in (welche) sind Leute von Ursache aus dieses Sagen
*solaní-h yánin hiyāwí-ḥ ʻilóh á- y-*

im ich bin.
*k- ána.ʻ*

፴ወ፱ የሱስለ ፡ ራሀለን ፡ ኢስገዔዳአ ፡ ተናክየ ። ራቦቲይህ ፡
ሳዕላ ፡ ማርታ ፡ ይማዳራ ፡ ካፊ ፡ ማፋራ ፡ የከሀ ፡ ኪኒሂ ፡ አባሰሀ ፡
ኡረየሀ ፡ ኪኒ ፡ አክተ ።

፵ የሱስለ ፡ ፋጊ ፡ ሞሳ ፡ ታበሎ ፡ ታሚነዶ ፡ ከከሚኒዮሖ ፡
አከየ ።

፵ወ፩ ሯለን ፡ የስገዓዲን ። የሱስለ ፡ ኢሲንቲት ፡ አጋናል ፡
ኡጉሰ ። አባ ፡ ይቶበሀ ፡ ታነሂ ፡ ኩሞሳይሲታከነ ፡ የሯሐ ።

፵ወ፪ አኑለን ፡ ኡማንጉል ፡ ይታበም ፡ አሪገ ፡ ካዶለ ፡ አቱ ፡
ይሯሯይተም ፡ ባሊሀ ፡ ያሞኖና ፡ ሶለኒሀ ፡ ያኒን ፡ ሒያዊሕ ፡ ዒሎሀ ፡
አይካነ ።

Also er hatte gesagt da, grosser Stimme mit er rief
43. *Tāhám yaṛḥé-h, nābá andāḥá-h wāγ-yáṛḥe:*

Eleazar komm heraus geh' aus sagte er.
*,Alẹazár, amó iró-l! ewáγ!' yáṛḥe.*

Dieser Verstorbene nun Füsse und Hände er ward gebunden
44. *Ammáy rāboytí-lan íbob ka gábob yïmṛuwá-h*

ihn er war begraben da ja sein Gesicht aber eingehüllt war ihn
*akāh yïmginíza-kā-h, kāy náf-la maṭamṭamyā-h, akāh*

er war eingewickelt obgleich, er kam hervor. Jesus nun Eile in
*yïmṭiqlíla-kā-h, yáweẹγe. Yasús-lan: ,kāmbó-h*

bindet auf dass er gehe nun lasset!
*unhúwā, yādáwo-lan hábā!'*

Maria und Marta zu (welche) gekommen waren Juden von
45. *Māryá-ka- Mārtá-l yámatan Ayhúd-ko*

viele Jesus er hat gemacht das sie sahen da, ihn auf
*māngóm Iyasús abá-m yubẹliní-h, ē-l*

sie glaubten.
*yamánin.*

ihnen von aber der Pharisäer Ort zu gegangen war (ein Teil)
46. *Tén-ko-la Farisāwyán ulá-l tádaya-m tána,*

abermals (gegen) ihn sie suchten zu reizen Jesus er hat gemacht was
*láyal kāy yasgagáγin, Iyasús abá-m*

Alles ihnen sie sagten.
*umbíh ak yán.*

ቍወ ፵፫ ታሐም ፡ የሮ̈ሔህ ፡ ናባ ፡ አንዳሐህ ፡ ዋዕ ፡ የሮ̈ሔ ።
አልአዛር ፡ አሞ ፡ ኢሮል ፡ የሮ̈ሒ ፡

ቍወ ፵፬ አማይ ፡ ራቦይቲለን ፡ ኢቦብከ ፡ ጋቦብ ፡ ይምሩ̈ወህ ፡
አከህይምጊኒዘከህ ፡ ካይነፍለ ፡ መጠምጠምያህ ፡ አከህይምጢቅሊ
ለከህ ፡ የውዔ ። የሱስለን ፡ ካምቦህ ፡ ኡንሁዋ ፡ ያዳዎለን ፡
ሐባ ።

ቍወ ፵፭ ማርያከ ፡ ማርታል ፡ የመተን ፡ አይሁድኮ ፡ ማንጎም ፡
ኢየሱስ ፡ አበም ፡ ዩብሊኒህ ፡ ኤልየመኒን ።

ቍወ ፵፮ ቴንኮለ ፡ ፈሪሳውያን ፡ ኡላል ፡ ተደየም ፡ ታነ ። ለየል ፡
ካይየስገገዒን ። ኢየሱስ ፡ አበም ፡ ኡምቢህ ፡ አከየን ፤

Priesterschaft von Haupt-Herren und die Pharisäer Versammlung
47. *Amākos-tí amó-báyil ka Farisáwyán aglá-h*
sie (es) sie liessen versammeln was? sollen wir tun zu ihr sie sagten
*tan yuskohólin: ,áy-m ábenoy?' ak yán;*
jetzt dieser Mensch Wunder machend ist.
*,kādo tāy hiyāwtí tá'amirāt abá-yān'.*

wir lassen wenn aber ein jeglicher ihn auf er wird glauben
48. *,Habná-do-la, umman-tíyi ē-l yāmína;*
Rom von Volk aber es wird kommen unser Volk und unser Land
*Rom-tí- hiyáw-la tāmíta, ni hiyáw-ka ni bāró*
uns von man wird nehmen.
*nó-k baysítān.'*

Namen mit Kaiphas ihn (den) sie nennen Priesterschaft von
49. *Migāyí-h Qayáfā ak yán mānāboy-tí*
Haupt- Herr (der) geworden war ihnen aus einer diesem Jahre (in)
*amó- báyelā yáka tán-ko tíyi tāmmáy igidā*
sein Amtsjahr gewesen war ihr aber ihr wisset was nicht gibt es
*kā' igida kíyī-k tína: ,átin-la tārigíni-m má-la'.*

Nützlich dass es wurde Volk Gesammtheit in
50. *,Fāysánā-m yaká-h hiyāw umbí-h*
zu Grunde gehe dass als Volkes Statt an einen einzigen Menschen
*tālāyá-m-ko hiyáw idá-h enkí hiyáwto*
wir tödten dass er sterbe dass uns für es ist besser ihnen zu
*nágdifa-m rábā-m no-h táysa' tán-āk*
er sprach.
*yá.*

፵፯ አማኮስቲ ፡ አሞባዒልክ ፡ ፈሪሳውያን ፡ አግለሀ ፡ ቱን
ዩስኮሆሊን ። አይም ፡ ኡብኖይ ፡ አክየን ፡ ካዶ ፡ ታይ ፡ ሒያውቲ ፡
ታአሚራት ፡ አባያን ፤

፵፰ ሐብናዶለ ፡ ኡመንቲዩ ፡ ኤልያሚና ፡ ሮምቲ ፡ ሒያውለ ፡
ታሚተ ፤ ኒሒያውክ ፡ ኒባሮ ፡ ኖክበይሲታን ፡

፵፱ ሚጋዒህ ፡ ቀያፋ ፡ አክያን ፡ ማናቦይቲ ፡ አሞባዕላ ፡
ያከ ፡ ቱንኮ ፡ ቲዩ ፡ ታማይ ፡ ኢጊዳ ፡ ካይጊደ ፡ ኪይክቲና ። አቲንለ ፡
ታሯጊኒም ፡ ማለ ።

፶ ፋይሳናም ፡ ያክህ ፡ ሒያው ፡ ኡምቢህ ፡ ታላያምኮ ፡ ሒያ
ው ፡ ኢዳህ ፡ እንኪ ፡ ሒያውቶ ፡ ናግዲፋም ፡ ራባም ፡ ኖሕ፡ታይሰ ፡
ቱናክየ ።

Haupt-Herr er war weil diesem Jahre (in) aber sein
51. *Amó-báyḷlā kini-hí tāmmáy igidā-la kā'*

Amtsjahr es war weil Jesus aber allen Leuten von aus Ursache
*igida tina-hí, Iyasús-la ummán hiyáwi-ḥ yilóh*

dass er sterbe es war weil es kommt welches Urteil von solches
*rábo kini-hí, tāmíta-m kākālaká-h tāhám*

er sagend sich aus nicht er war.
*yárḛḫa-m ká-ko má-kā.*

Zerstreut (welche) waren Gottes Kinder Einheit zur dass er versammle
52. *Fáḥ-yan Fugí rāyló inkí-l yāskāhálo*

zum Zwecke Volkes wegen allein nicht war es.
*ikāha ḥizbí yilóh uláh má-ki.*

Diesem Tage seit Priesterschaft von Haupt-Herren
53. *Tāy laláy-ko mānākos-tí amó-bāyil*

dass sie tödteten sie suchten.
*yāgdāfónā fāyítan.*

Wüste von Gegend bei (welche) nahe ist Ephrem Stadt sie
54. *Bārāká-t-ulá-l tándāwa Efrám bāró ak*

(die) man nennt Stadt nach es ging für sich Eile in Jesus der Juden
*yán bāró-l yádaya kāha kāmbó-h Iyasús, Ayhúd*

Wege auf Oeffentlichkeit in nicht er wandelte umher. Dort nun seinen
*fāná-l yidosá-h má-gāḥangāhínā; tāmmá-lan isí*

Jüngern mit er war.
*dārasā-lih yína.*

፶ወ፩ አሞባዕላ ፡ ኪኒሂ ፡ ታማይ ፡ ኢጊዳለ ፡ ካይጊዳ ፡ ቲናሂ ፡
ኢየሱስለ ፡ ኡማን ፡ ሒያዊሕ ፡ ዒሎህ ፡ ራቦ ፡ ኪኒሂ ፡ ታሚተም ፡
ካካለካህ ፡ ታሓም ፡ የሬኸም ፡ ካኮ ፡ ማካ ።

፶ወ፪ ፋሕ ፡ የን ፡ ፉጊ ፡ ሯይሎ ፡ ኢንኪል ፡ ያስካህሎ ፡ ኢካህ ፡
ሒዝቢ ፡ ዒሎህ ፡ ኡላህ ፡ ማኪ ።

፶ወ፫ ታይለለዕኮ ፡ ማናኮስቲ ፡ አሞባዒል ፡ ያግዳፎና ፡ ፋ
ዩተን ።

፶ወ፬ ባራካቱላል ፡ ታንዳወ ፡ ኤፍረም ፡ ባሮ ፡ አክ ያን ፡ ባሮል ፡
የደየ ፡ ካህ ፡ ካምበህ ፡ ኢየሱስ ፡ አይሁድ ፡ ፋናል ፡ ዕዶሰህ ፡ ማጋሐን
ገሒና ። ታማለን ፡ ኢሲዳራሳሊህ ፡ ይና ።

Der Juden Pascha von Fest nahe war ihr Gewissen das
55. *Ayhúd Fāsikí-h baγál kább-ya ; siní ṛág-ḥa*
dass sie reinigten Pascha Feste dem vor Orten aus viele
*yāynāṣāhónā Fāsiká bāγalí-h bāsó-h diká-ko māngóm*
Jerusalem's Gegend nach sie zogen aus.
*Iyarusálem ulá-l yáweγen.*

die Juden Jesu dass sie suchten sie stellten sich zusammen
56. *Ayhúd Iyasús wāgiyónā eṛiṛísan*
Gebet's Haus in Unkenntniss von Zustand in sich wechselseitig fragend
*māsó-γára-l, solaní-h aní-h sína kasína-h:*
jetzt warum ist er ausser Stande Feste zum nicht dass er kommt sagten sie.
*‚kádo áy-m tánā bāγal-lá-h mā-máto?‘ yáṛḥin.*

Priesterschaft von Haupt-Herren und die Pharisäer welchem an
57. *Mānākos tí amó-bāγil ka Farisāwyán é- l*
er wäre Orte am denen die wüssten unter dass sie fingen zum Zwecke
*yána riká-l yáṛiga-tíyi-yinín-ko yābāṛónā yilóh*
ihnen dass sie anzeigten sie hatten befohlen.
*tan mikinónā y'izízan.*

፶ወ፭ አይሁድ ፡ ፋሲኪሀ ፡ ባዐል ፡ ክብያ ። ሲኒ ፡ ረ̈ግሐ ፡ ያይ
ናጻሆና ፡ ፋሲካ ፡ ባዐሊሀ ፡ ባሶሀ ፡ ዲካከ ፡ ማንጎም ፡ ኢየሩሳሌም ፡
ኡላል ፡ የውዔን ።

፶ወ፮ አይሁድ ፡ ኢየሱስ ፡ ዋጊዮና ፡ ኤረ̈ረ̈ሰን ። ማሶሀረል ፡
ሶለኒሀ ፡ አኒሀ ፡ ሲነከሲነሀ ፡ ካዶ ፡ አይም፡ታና ፡ ባዐላሀ ፡ ማማቶ ፡
የረ̈ኺን ፡

፶ወ፯ ማናኮስቲ ፡ አሞባዒልክ ፡ ፈሪሳውያን ፡ ኤልያነ ፡ ሪካል ፡
ያረ̈ጊቲዩ ፡ ዩኒንከ ፡ ያባሮና ፡ ዪሎሀ ፡ ተንሚኪኖና ፡ ይኢዚዛን ።

## Addenda.

Ueberschrift. *Alęazár γiló-h* wörtlich: über Eleazar's Angelegenheit, Sache, *γiló* Plur. *γílol* = Saho *γalē* Plur. *γálal* Sache, Ding; s. Vers 4, 13, 15, 19, 42, 51, 57.

Vers 1. Relativsätze werden einfach und am häufigsten dadurch ausgedrückt, indem man dieselben gleich einem Adject unmittelbar ihrem regierenden Nomen vorsetzt; der Vers ist also zu übersetzen: zu Bitania, welches Mariens Wohnort war, existirte ein Mann, den man mit Namen Eleazar nennt und welcher erkrankt war. Eine zweite Art, weniger im Gebrauch, das Relativ auszudrücken besteht darin, dass man den Relativsatz dem regierenden Nomen nachsetzt und dem Verb des Relativsatzes die Partikel *yā* welcher, auch *ti-ya* derjenige welcher, anfügt, z. B. *ęnkí hiyawtí láhuta-yā* oder *láhuta-tí-yā* ein Mann, der erkrankte. *bāŗó* Plur. *báŗor* (fem.) Land, Bezirk, Dorf (Saho und ʿafer *bāḷó*, Bedauie *to-but* Plur. *te-bura*, Bilin *bura*). *migáγ* Plur. *mígoγ* (masc.) Name; in *migāγ-a-h* ist *ă* eingeschoben. *lāḥúta* Perf., Reflexivform von *lāḥú* Krankheit, *lāḥú-t* erkranken, Causat. *lāhú-s* krank machen (vgl. Bedauie *lakā-b* fem. *lahā-t* krank. cf. Geez ለከወ፡, ላኅልኅ፡). *hiyāwti* Plur. *-t* Mensch, Individualform von *hiyāw* Plur. *hiyāwā* (= G. ሕያው፡ Plur. ሕያዋን፡ lebend von ሐይወ፡ حيّ, Saho und ʿafer: *hęyó* Plur. *hęyáwā*, indiv. *hęyóti* Plur. *-t* Mensch). *sāγál* Bruder, *sāγęlá* Schwester Plur. commun. gen. *sáγol* (Saho und ʿafer dasselbe).

Vers 2. *Mādárā* Plur. *mādári-t* Herr, Meister, von *adara* v. I mächtig sein (cf. אדר); *miγúra* Plur. *miγúrit* masc. Salbe (cf. مسحل). *tuskuta* Perf. von *sakata* v. I (G. ጸሕየ፡) bestreichen, Imperat. *uskút*, Perf. *úskuta*, Imperf. *uskútā*, Subj. *āskáto*; Causativ. Imperat. *uysukút*, Perf. *uysúkuta*, Imperf. *āysukútā*, Subj. *aysākáto*; Passiv, Imperat. *umsukút*, Perf. *umsúkuta*, Imperf. *āmsukútā*, Subj. *amsākáto*; Reflexiv, Subjunct. *ātasākáto*, Imperat. *utusukút*, Imperf. *ātusukútā*, Perf. *utusúkuta* sich bestreichen; Causativ-Reflex., Subj. *āstasākáto*, Imperat. *ustusukút* u. s. w. sich bestreichen lassen. Ueber die Relativform *Māryā túskuta tiyā* = *túskuta Māryā* Maria, welche bestrichen hatte, s. Vers 1.

*ibā* Plur. *ībob* fem. Fuss (Saho und ʿAfer dasselbe). *rag* Plur. *rágug* Person, selbst, *atú rag kíto* bist du es selbst? *dāgārā-h* mit dem Haare, Collectivform im Singular, von *dāgár* Plur. *dógur* masc. (Saho und ʿAfer *tāgár* Plur. *tógur*, indiv. *tāgár-to* Plur. *-t-it*, G. ጸጉር፡); über *ā* vor *h* s. Vers 1.

*tídriza* Perf. von *daraza* v. I trocknen, Imperf. *ā-drísā*, Perf. *í-driza*, Subj. *ā-dráso*, Imperat. *i-dríz;* Causativ, Imperf. *ā-s-dirísā*, Perf. *i-s-dírisa*, Imperat. *isẓdrís*, Subj. *ā-s-dāráso* trocknen lassen; Reflexiv, Imperf. *ā-ti-dirísā*, Perf. *i-ti-dírisa*, Imperat. *i-ti-dirís*, Subj. *ā-ta-daráso* sich trocknen; Reflexiv-Causat., Imperf. *ā-s-ti-dirísā* u. s. w. sich trocknen lassen; Passiv, Imperf. *ā-m-dirísā*, Perf. *i-m-dírisa* u. s. w. getrocknet werden.

Vers 3. *rāgā* Kunde von *raga* v. I kennen, wissen, s. Vers 22. *kihíntā* du liebst, von *kihin* v. II lieben (im Saho, ʿAfer und Bedauie *kahana* v. II daher: Imperf. *ā-khánā*, Perf. *í-khana*, Subj. *ā-kháno*, Imperf. *i-khán;* Causativ. Imperf. *ā-s-kahánā*, Perf. *i-s-káhana)*.

*lāhútā yāna* duratives Imperf., *lāhútā āna* ich bin krank. *lahúttā tána* du bist krank, Perf. *láhuta ina* ich bin krank gewesen, *lāhútta tina* du u. s. w. s. Vers 1.

*fariman* Imperf. von *farim* v. II (im Saho und ʿAfer meist *far* neben seltenerem *farim*, vgl. G. ፈነወ፡ schicken).

Vers 4. *yoba* er hörte. Perf. von *aba* v. I (Saho und ʿAfer *aba*) hören; Imperf. *obá*, Perf. *óba*, Subj. *ábo*. Imperf. *obá*, Plur. *obá*, Nom. *māhó* Gehör, bisweilen mit *bb* gesprochen, als: *obbá, óbba* u. s. w., Causativ, Imperf. *o-s-óbā*, *t-o-s-obā*, *yo-s-obā* u. s. w., Perf. *ó-s-oba*, Subj. *ā-s-ábo* hören lassen. Reflexiv, Imperf. *o-t-óbā*, *to-t-óbā* u. s. w. aufmerken. Causativ-Reflex., Imperf. *o-s-t-óbā* u. s. w. aufmerksam machen. Passiv. Imperf. *o-m-óbā* u. s. w. gehört werden.

*dālká* Plur. *dáluk* fem. Schwäche, *fúga* (Saho und ʿAfer *fúga*, Galla *wáqa*) Gott. *bārā* Sohn, Knabe. Plur. *rāyló*, fem. *bārá* Plur. *sāytó* Tochter, Mädchen.

*mōsá* Plur. *mósā-s* Lob, Herrlichkeit, Ruhm, daher denom. Causat. *mōsā-ys* preisen (v. II). Imperf. 1) *mosā-ys-ā*, 2) *mosā-ys-sā*, 3) *mosā-ys-ā;* Plur. 1) *mosā-ys-nā*, 2) *mosā-ys-sān*, 3) *mosā-ys-ān;* Perf. 1) *mosá-ysa*, 2) *mosá-ys-sa* u. s. w.; Causativ-Pass., Imperf. 1) *mosā-ys-im-ā*, 2) *mosā-ys-ím-tā* u. s. w.; Perf. 1 *mosā-*

*ys-im-a;* Subj. 1. *mosā-ys-ím-o,* 2) *mosā-ys-im-to,* 3) *mosā-ys-ím-o;* Plur. 1) *-ím-no,* 2) *-ím-ton,* 3) *-ím-on;* Causativ-Reflex., Imperf. 1) *mosā-ys-í-tā,* 2) *-í-t-tā,* 3) *-í-tā;* Plur. 1) *-ín-nā* für *it-nā,* 2) *-ít-tān,* 3) *-it-ān;* Perf. 1) *mosāyis-i-t-a,* 2) *-i-t-ta* u. s. w.; Subj. 1) *mosāyis-í-t-o* u. s. w. mit der Bedeutung: seinen persönlichen Dank aussprechen; s. Vers 41.

*yáreḥa,* er sagte, Perf. von *raḥa* v. I sagen; Imperf. *ā-reḥa,* Perf. *a-reḥa,* Subj. *ā-ráḥo,* Imperf. *aráḥ,* Nom. *māreḥó,* Plur. *máreḥoḥ* Rede (Saho und Ɣafer *laḥa* sagen, cf. لحا, ለሀየ፡).

Vers 5. *kihini yína* er war liebend, duratives Perfect (= Saho *kahini yína* oder *kahíni-k yina* er war im Lieben), s. Vers 3.

Vers 6. *yoba-gul* als er hörte = Saho *yoba-gēd* (G. ጊዜ፡ Zeit), Ɣafer *yoba-wak* (cf. وقت), s. Vers 20, 26, 29, 31, 32, 33.

*ē-l yīna bāró-l* an dem Orte (*bāró-l*), an welchem (*e-l*) er war; *ē* nur vor Postpositionen so, sonst *ay* dieser.

*laláy* Plur. *-wā* masc. Tag (Saho und Ɣafer dasselbe, cf. لاح, علاح, ለሐየ፡); nach Numeralausdrücken steht das folgende Nennwort stets im Singular.

*difiya* er blieb, Perf. von *difiy* v. II (Saho und Ɣafer *dāfāy*) bleiben.

Vers 7. *layal* wiederum, abermals (Saho und Ɣafer *lēl*).

*nādāwoy* Cohortativ, von *daya* v. I gehen. Der Cohortativ ist nur eine emphatische Form des Subjunctivs und unterscheidet sich von diesem durch angefügtes *-y.* Subj. 1) *ādáwo,* 2) *tādāwo,* 3) *yādáwo;* Plur. 1) *nādáwo,* 2) *tādōnā,* 3) *yādōnā;* Perf. 1) *á-daya,* 2) *tá-daya,* 3) *yádaya;* Plur. 1) *nádaya,* 2) *tádīn,* 3) *yádin;* Imperf. 1) *á-daya* u. s. w. auch *á-diya* u. s. w.

Vers 8. *sābāyonā* Subj. von *sabay* v. II steinigen, eigentlich nur gebraucht für: bekriegen (G. ጸብእ፡), Imperf. 1) *sābáy-ā,* 2) *sābáyę-tā,* 3) *sābāy-ā;* Plur. 1) *sābágę-nā,* 2) *-tān,* 3) *sabág-ān;* Perf. 1) *sábay-a* u. s. w.; Subj. 1) *sābáy-o,* 2) *-to* u. s. w.; Caus. *sabay-is,* Pass. *-im* mit obigen Flexionsendungen.

*gurāym-mi-yānini-ho* (Saho *guruni mi-yānini-ho*) sind sie nicht suchend? Duratives Imperf., negativ (*mā* vor folgendem *y* = *mi* nicht), fragend (*ho*), von *gurāyn,* Saho *gurun, goron* v. II suchen.

*adíyi-k tāna* duratives Imperfectum von *daya* gehen, s. Vers 7.

Vers 9. *ábęli-yāna* er ist im Sehen, sieht, duratives Imperf. von *bala* v. I sehen; Imperf. 1) *á-bęla*, 2) *tá-bęla* u. s. w.; Perf. 1) *u-bęla*, 2) *tú-bęla*, 3) *yú-bęla*; Plur. 1) *nú-bęla*, 2) *tú-bęlin* 3) *yú-bęlin*; Subj. 1) *ā-bálo*, 2) *tā-bālo* u. s. w.; Imperf. *ubúl*, Plur. *-ā*, Nom. *mābęló*.

*mā-'ndāfitā* er stosst sich nicht an, negatives Imperf. des Reflexivs von *andāf* v. II anstossen (G. ነደፈ:, نذف); s. Vers 10.

Vers 11. *ṛina*, Perf. von *ṛin* v. II schlafen (Saho und Ɣafer *ḍin*).

*węguso* (lies: *uguso* s. Vers 12, 23, 24, 29, 31, 41), dass ich aufwecke, Caus. von *ugu* nur im Reflex. *ugu-t* aufstehen, und Caus. *ugu-s* aufstehen lassen, gebraucht.

Vers 13. *yákalan* sie meinten, Perf. von *kala* v. I, Imperf. *á-kala*, Perf. *á-kala*, Subj. *ā-kálo*, Imperf. *a-kál*.

Vers 14. *yádosa* Perf. der Causativform, von *yado* Adj. klar, rein, weiss (cf. ቀይወ:), daher *yado-s* klar machen, deutlich mache.

*rāb-a* er ist gestorben von *rāb* v. II, Imperf. *rāb-ā*, Subj. *rāb-o*, Imperf. *rāb!*

Vers 15. *tāmānónā* dass ihr glaubt, Subj. von *amana* v. I flectirt, als wäre der Stamm *mana*, als: Imperf. *ámina*, *támina* u. s. w., Perf. *ámana*, *támana* u. s. w., Subj. *āmáno*, *tāmáno* u. s. w., Imperf. *amín*, Plur. *-ā*, Nom. *imán* Glaube; s. Vers 25, 26, 27, 42, 45, 48.

*afizihá-k ána* ich bin in Freude, freue mich, duratives Imperf. von *fazaha* v. I (G. ፈሥሐ:).

Vers 17. *guf-a* Perf. von *guf* v. II erlangen, erreichen.

*yumuyuga* Perf., Pass. *yaga* v. I begraben, Perf. *áyuga*, *tuyuga* u. s. w., auch *óyoga*, *tóyoga* u. s. w., Imperf. *āyuga*, *tāyuga* u. s. w., Subj. *āyágo*, *tāgāgo*, Imperf. *uyúg*, Nom. *māyagā*, Plur. *māyágog* Grab. Causativ, Subj. *āsāyāgo*, Imperf. *usuyug*, Pass. *āmāyágo*, Imperf. *umuyug*.

*bāka-tí-yā* welcher vollendet, zurückgelegt war, vom vorangehenden *lalay* Tag abhängig; *báka* Perf. von *bak* v. II (Saho und Ɣafer dasselbe) zu Ende sein. Da wegen *afārā* vier, das Nomen *laláy* im Singular steht (s. Vers 6), so erscheint auch das Zeitwort in der Einzahl; zur Relativform auf *tiyā* s. Vers 1. Die vollständige Uebersetzung des Verses ist: als er diesen

Ort erreicht hatte, so fand er ihn (den Eleazar), dass schon vier Tage waren, welche vergangen waren, seit u. s. w.

*gaya* Perf. von *gay* v. II finden, treffen.

Vers 19. *wayęsisónā* Subj. in der Causativform von *wayęs* v. II beruhigt sein; s. Vers 31.

Vers 20. *yámata* er kam, unregelmässiges Verbum von *na* kommen, Imperat. *amó*, Plur. *amówā*, Subj. *āmáto*, *tāmáto* u. s. w., Imperf. *ámita*, *támita* u. s. w., Perf. *ámata*, *támata* u. s. w., Nom. *mumát* Ankunft; s. Vers 27, 28, 33, 35, 43, 45, 48, 56.

*tawęyē* sie ging aus, Perf. von *waya* v. I ausgehen, hinausgehen. Imperf. *ēwáy*, Subj. *āwáyo*, Imperf. *āwęyē*, Perf. *awęyē* (diese beiden Formen unregelmässig für: *āwęya*, *awęya*, im Saho sonst: Imperf. *āwęya*, Perf. *uwuya*), s. Vers 31, 43, 44, 55.

*gārāyta* Perf. 3. Pers. fem. von *gārāy* v. II begegnen, treffen (G. ቀረየ:, قرأ IV, קרא).

Vers 21. *mā-ŗāŗina* er würde nicht ein stets, ewig schlafender sein, negatives Participial in der Verstärkungsform von *ŗin* (s. Vers 11) schlafen; ebenso Vers 32.

Vers 22. *ŗāyimta* Perf. von *ŗāyim* v. II bitten, Imperf. *ŗāyim-ā*, Perf. *ŗāyim-a*, *rāyim-ta* u. s. w (Saho und Ƭafer *ḍāyim*).

*yāhaya* er wird geben, Imperf. von *haya* v. I geben (Saho und Ƭafer dasselbe, Tigré ሀወ:, G. ወሀወ:, وهب), Perf. *óhoya*, Imperf. *āhaya*, Imperf. *ohó*, Plur. *ohóyā* und *ohówā*, Subj. *āhāwo*.

*aŗiya* ich habe erfahren, ich weiss, Perf. von *ŗaga* v. I (Saho und Ƭafer *daga*, cf. ጠየቀ:, דוק), Imperf. *á-riga*, Subj. *ā-rágo*, Imperf. *iŗíg*, Nom. *muŗúg* Kenntniss, Wissenschaft, *ŗagá* Kundschaft, Nachricht; s. Vers 3, 24, 49, 57.

Vers 24. *rāhóytit ugattā-gul* wann die Verstorbenen auferstehen werden, *ugattā* (für *ugutān*) 3. Pers. fem. Imperf. von *ugut* (s. Vers 11); wenn das Subject im Plural steht, kann das Verb im Singular, aber dann nur in der tertia feminini, damit verbunden werden, z. B. *umbi hiyāwtit rāb-ān* oder *rāb-tā* alle Menschen werden sterben.

Vers 25. *urā* Imperf. von *ur* v. II genesen.

Vers 28. *dáyęta* sie rief, Perf. von *day* v. I (cf. دعا), Imperf. *day-ā*, *dayę-tā* u. s. w., Nom. *dayó* Ruf, Causat. *dáy-is*, Pass. *dáy-im*.

*ku dayayla yāna* er ist verlangend nach dir, im Saho und 'Afer sagt man *ku fāḷa* oder *fāḷa-k yāna* von *fāḷ* v. II wünschen, wollen.

Vers 30. *ē-l* bezieht sich auf *sifrā-l*, denn Jesus war noch an dem Orte an welchem (*ē-l*) Marta (ihn) traf; s. Vers 6.

*ganā* aus dem Amharischen entlehnt, im übrigen Saho nicht gebraucht.

*sāy-nāha-h yāna* = Saho *sāy-nāha* oder *-nāha-k yāna* er war nicht im Eintreten, duratives Imperf. in negativer Form bei Nebensätzen: indem er seinen Eintritt noch nicht ausführte; vgl. Saho *qādi hẹyó ē-l sāy-nāha mā'ẹḥanā bāḷá li yina* der Kadi besass sieben Töchter, zu den keine Männer Zutritt hatten. — *y' ábbā agzi-nāhā bāḷó-l adú* geh' in ein Land, welches mein Vater nicht beherrscht! *Mohammad angadafī-nāha māhálo-ko yamatá gēd kā ínā hádanta* als M. ohne getödtet worden zu sein aus dem Kriege kam, freute sich seine Mutter. *isí kāhāntóle amaḷigi-nāha kā suquqúwita* sie begleitete ihren Geliebten ohne dass er erkannt wurde. Synon. mit *nāh* v. II sich enthalten, nicht thun (cf نهى VIII) ist das Verb *wāy* v. II; s. V. 37. *sāy* v. II eintreten, im Saho also flectirt: Imperf. *sā*, Plur. *sáwā!* Subj. 1) *sāwo*, 2) *sāy-to*, 3) *sāwo*; Plur. 1) *sāyno*, 2) *sāyton*, 3) *sāwon*; Perf. 1) *sāy* (Irob *sāy-a*), 2) *sāyta*, 3) *sāy*; Plur. 1) *sāy-na*, 2) *sāy-tan*, 3) *sā-n* (Irob *sāy-an*). Nom. *sāwó*, Plur. *sáwow* Eintritt, Caus. *sāy-is* einführen. Pass. *sāy-im* Eintritt haben, Erlaubniss erlangen zum Eintritt, Caus.-Pass. *sāy-s-im* eingeführt werden, Reflex. *sāy-it* eintreten in eigenem Interesse, Caus.-Refl. *sāy-s-it* eintreten lassen im eigenen Vortheil.

Vers 31. *ta-d yandabaṛin* sie folgten ihr nach, Perf.-Pass. als Reflexiv gebraucht, von *dabaṛa* v. I (cf. ተለወ:) folgen, Imperf. *ā-dbaṛa*, Perf. *a-dbaṛa*, Subj. *ā-dbāṛo*, Imperf. *a-dbáṛ*, Causat., Imperf. *ā-s-dabaṛa* u. s. w. folgen lassen, Pass., Imperf. *ā-n-dabaṛa* einer nach dem andern Jemand folgen, Reflex., Imperf. *ā-ta-dabaṛa* im eigenen Interesse folgen, Causativ-Refl., Imperf. *ā-s-ta-dabaṛa* im eigenen Interesse folgen lassen.

*wáyẹto* dass sie beweine, Subj. von *way* v. II (G. ወወ·ዐ:) weinen, beweinen, Nom. *way* das Weinen, daher auch *way yaṛẹḥa* er weinte = er sagte, machte das Weinen (s. Vers 33). Das Verb *ṛaḥa* sowie das Verb *a* sagen, werden ganz so wie

በሕሉ ፡ im Tigre gebraucht, z. B. *sik aráḥ* schweig! *kabb aráḥ* oder *kabb ē* tritt näher! *tob arḥa* ich sagte *tob* = ich fiel, wofür auch *tob-a* dasselbe; hieraus erklärt sich wohl die Classe der Verba II = Verbalnomen + *a* sagen.

Vers 32. *tísgida* Perf. von *ságada* v. I (G. ሰገደ ፡, سجد) sich vor Jemand niederwerfen, Imperf. *isgíd!* Subj. *ā-sgádo*, Imperf. *á-sgida*, Perf. *í-sgida*; Caus., Imperf. *y-sigíd*, Subj. *ā-y-sāgádo*, *tā-y-sāgādo* u. s. w., Imperf. *ā-y-sígida*, Perf. *a-y-sígida* Jemand zum beten veranlassen. Pass., Imperf. *in-sigíd!* u. s. w. angebetet werden.

Vers 33. *wáγa-k ta yubḙlá-gul* als er sie weinen sah. Die Verba II mit schliessendem *γ* bilden das Perf. unregelmässig auf *-ē*, *wāγ-ē* ich, er weinte (s. Vers 34), statt *wáγ-a*, allein vor dem Objectivzeichen *k* erscheint stets *ă* für *ē*. Vor *k* kann das Verb regelmässig flectirt werden, z. B. *wāγ-a-k āna* ich bin weinend, *waγḙ-ta-k täne* du u. s. w., in der Regel aber bleibt die erste Person des bestimmten Verbs für alle Personen unverändert, als: *wág-a-k tāne* du bist weinend u. s. w, daher: *Ayhúd-lan wáγa-k tan yubḙlá-gul* auch die Juden, als er dieselben weinend sah.

*isí ṛáγḙ-h-lan ṛāgānṛāga* er wurde in eigener Person bewegt (s. Vers 2). Die Form *ṛāgānṛāga* (Perf.) von *ṛāgānṛāg* v. II berührt werden, kommt im übrigen Saho nicht vor, dafür *ḍāg* v. II (cf. G. ዐቀ ፡) anrühren, Passiv *ḍag-im* angerührt werden, auch redupt. *ḍagḍāg* betasten allseitig.

Vers 34. *toγógin* habt ihr begraben, für *toγogíni-ho;* die Fragepartikel ist aber hier überflüssig, weil die Frage bereits in *a* welcher? ausgedrückt ist. Zum Verb *γaga* (Saho *γaga*, Fafer *γaga*) s. Vers 17.

Vers 37. *intí mā-lo-lí intí fáka tāytíyi* derjenige welcher (*tāytíyi*) geöffnet hat (*fāka*) das Auge des den Nichtbesitz (*mā-lo*) eines Auges habenden (*lí*). *fák-a* Perf. von *fāk* v. II (Saho und Fafer *fāk*, Tigre ፈከ ፡, cf. G. ፈተከ ፡, بتك, فتق) öffnen.

*abo ṛíγa-k mānā-'a* ist er nicht im Stande, dass er mache? das fragende *-a* im übrigen Saho wenig gebräuchlich, dafür häufiger *-ho*. *ṛiγa-k āna* ich bin im Stande, von *ṛiγ* v. II (Saho und Fafer *ḍiγ*) hat das abhängige Verb im Subj. bei sich, *ādāwo ḍiγ-ā* ich bin im Stande zu gehen, *tādāwo ḍiγ-tā* sie ist im Stande zu gehen, *sonó kin sāyó yā-āyōnā mā-ḷiγ-ān* schwangere

Frauen können nicht arbeiten. Das Wort *ḍiy, ṛig* hängt sicher mit *ṛag* (Saho *ḍag*, vgl. ידע) wissen, zusammen, s. Vers 23, denn man sagt im Saho auch *anú ākṭábo ḍíya-k āna* ich kann, verstehe zu schreiben, bin des Schreibens kundig.

*rāba-wā-kā* dass er nicht starb. Das Verb *wāy* v. II ohne sein, nicht haben, wird im übrigen Saho flectirt: Imperf. *wāy-ā, wāy-tā* u. s. w., Perf. *wāy* und *wáy-a, wāy-ta* u. s. w., Subj. *wáwo, wāy-to, wāw-o, wāy-no, wāy-ton, wāw-on* und *wō-n. māl way-ā* und *māl wā* ich habe kein Geld, *intít wā* und *way-ā* (ich habe keine Augen) ich bin blind u. s. w., vgl. auch das Verb *nāh* zu Vers 30.

Zu *-kā* vgl. Saho: *ammā māl akā yāwẹyá-kā anú áḷiga* = Tafer *ammā duyē akā tāwẹya-kā anú áḷiga* ich weiss auf welche Art ich dieses Geld da herausbringe, ich weiss auf welche Art dieses Geld herausgehe (aus dem Geizhals).

*ṛiya-k āna* ich bin wissend, verstehe es, von *ṛiy* v. II (cf. ידע) kennen, wissen.

Vers 38. *ytikiza* neben *yi-tikiza* Perf. von *takaza, G.* ተከዘ፡

*alfima-h* (S. *alfima-k yina*) duratives Perf. passivi von *alf* v. II schliessen.

Vers 39. *esgayēdā* causativer Imperativ von *gayada* (G. ገዐዘ፡) weggehen, wandern.

Vers 42. *ṛiṛiyīta* du hast gesandt, von *ṛiṛiy* v. II senden.

*solan* sie haben nicht erfahren, *solaní-h yānin* und *solani-k yānin* sie sind im Zustand des nicht erfahren habens, von *sol* v. II nicht erkennen.

Vers 44. *yīmṛuwa* (S. *yumṛuwa*) Perf., Pass. von *ṛuwa* v. I binden, ebenso *yīmginiza* (= S. *yi-mginiza*) von *ganaza* v. I begraben; *yīmṭiqlila* von *ṭaqlala* v. I einwickeln. *maṭamṭamy* (Amh. ጠምጠም፡) wird als Particip häufig so gebraucht; z. B. *tāy numā umbí maṭamṭamyā* (und *maṭamṭamyā-k*) *tāna* diese Frau ist ganz verhüllt. Das einfache Verb fand ich jedoch nie im Gebrauch.

*unhuwā* Imperat. von *nahawa* v. I. (G. ፈትሐ፡) auflösen, -binden.

Das Verb *hab* v. II lassen dient häufig als Ersatz für das Causat, das bestimmte Verb steht dann im Subj.; z. B. *kāy bētísā* und *ússuk bēto kāy hábā* ich werde ihn essen lassen, werde ihm zu essen geben.

Vers 46. *yasgagayin* causative Verstärkungsform, von *gaya* v. II (ungebräuchlich), davon *gayā* Streit, Zwist und passiv *n-gaya* sich streiten, *nāngāyo ām matínino* wir kamen nicht um uns zu bekriegen; daher *māngáy-a* Plur. *-it* der Feind (vgl. جكّ, גזה, ቀሐው፡).

Vers 47. *yuskoholin* Perf., Caus. von *kahala* zusammenkommen, sich versammeln (im Saho dafür *kata*, Caus. *s-kata*).

Vers 48. *tāmita* und *baysittā* für *yāmitan*, *baysitān*; zu *tāmita* s. Vers 20. *bay-s-it* an sich reissen, von *bay* nehmen, woher *bē-t* zu sich nehmen.

Vers 50. *tālāya* von *lāya* v. I zu Grunde gehen; in Verlust gerathen, auch fortlaufen, *y numā bar yo-k túluwa* meine Frau entlief mir in der Nacht.

*tāysa* es ist besser, von *ysa* v. I (G. ኀየሰ፡) besser sein.